Presente de:

_____

Para:

_____

Guia para batalhas espirituais

O que a palavra de Deus
ensina sobre a oração vitoriosa

David Jeremiah

Tradução de Ana Paula Argentino

Rio de Janeiro, 2025

Título original: *The Spiritual Warfare Answer Book*.

Copyright © 2016 por David Jeremiah.
Edição original por Thomas Nelson. Todos os direitos reservados.
Copyright de tradução © Vida Melhor Editora LTDA., 2017.
As citações bíblicas são da *Nova Versão Internacional* (NVI), da Biblica, Inc., a menos que seja especificada outra versão da Bíblia Sagrada.
Os pontos de vista desta obra são de responsabilidade de seus autores e colaboradores diretos, não refletindo necessariamente a posição da Thomas Nelson Brasil, da HarperCollins Christian Publishing ou de sua equipe editorial.

PUBLISHER	Omar de Souza
GERENTE EDITORIAL	Samuel Coto
EDITOR RESPONSÁVEL	André Lodos Tangerino
COORDENAÇÃO DE PRODUÇÃO	Thalita Ramalho
PRODUÇÃO EDITORIAL	Luiz Antonio Werneck Maia
ASSISTENTE EDITORIAL	Marina Castro
COPIDESQUE	Gisele Côrrea Múfalo
REVISÃO	Francine Ferreira de Souza e Geisa Oliveira
CAPA	Rafael Brum
DIAGRAMAÇÃO	Julio Fado

CIP-BRASIL. CATALOGAÇÃO NA PUBLICAÇÃO
SINDICATO NACIONAL DOS EDITORES DE LIVROS, RJ

J54g

    Jeremiah, David
        Guia para batalhas espirituais: O que a palavra de Deus ensina sobre a oração vitoriosa / David Jeremiah; tradução Ana Paula Argentino. - 1. ed. - Rio de Janeiro: Thomas Nelson Brasil, 2017.

        Tradução de: The spiritual warfare answer book.
        ISBN 978-85-7860-922-1

        1. Demônio - Doutrina bíblica. 2. Espiritismo. 3. Fé. 4. Religião. I. Argentini, Ana Paula. II. Título.

                                      CDD: 235.4
                                      CDU: 2-4

Thomas Nelson Brasil é uma marca licenciada à Vida Melhor Editora LTDA.
Todos os direitos reservados à Vida Melhor Editora LTDA.
Rua da Quitanda, 86, sala 601A – Centro – 20091-005
Rio de Janeiro – RJ – Brasil
Tel.: (21) 3175-1030
www.thomasnelson.com.br

Sumário

Introdução 11

Termos de comprometimento
Por que estudar a batalha espiritual? 14

Estamos mesmo em uma batalha? 16

Contra quem estamos lutando? 20

Como posso ter certeza de que fui chamado para batalhar?.... 23

Como posso ser um guerreiro corajoso para Deus quando me sinto fraco? 25

Atrás das linhas inimigas
Por que é importante conhecer o Inimigo? 30

É possível que os cristãos fiquem preocupados ao estudarem Satanás e seus demônios? 32

O que sabemos sobre a origem de Satanás? 33

O que fez Lúcifer cair do céu? 36

Como um ser perfeito e santo poderia ter caído? 39

Quais nomes são dados a Satanás na Bíblia? 42

Satanás tem seu próprio reino? 44

O exército de Satanás é organizado? 46

Satanás é um deus? 48

O quanto Satanás é poderoso? 50

Satanás se opõe a Deus? 52

Como Satanás tenta enganar o mundo? 53

Como Satanás tenta imitar a Deus? 56

Como Satanás provoca divisão no Corpo de Cristo? 58

Como Satanás usa a estratégia da destruição? 60

Como Satanás usa a estratégia da distração? 62

O que são as "ciladas do Diabo"? 64

De que maneiras damos lugar ao Inimigo? 67

Os demônios são reais? 69

O que são os demônios? 71

Existem diferentes tipos de demônios? 73

Um cristão pode ser possesso por um demônio? 76

O que acontecerá finalmente a Satanás e seu exército de anjos caídos? 78

O arsenal de Deus
Que armadura Deus me deu para a batalha? 80

O cinto da verdade – Efésios 6:14

Que proteção o cinto da verdade oferece? 82

Como eu me cinjo com o cinto da verdade? 85

Como posso discernir as mentiras de Satanás das verdades de Deus? 86

O que significa viver uma vida de honestidade? 88

Qual é a importância de uma consciência limpa? 90

A couraça da justiça – Efésios 6:14

Que proteção a couraça da justiça oferece? 94

Qual é a importância da justiça na batalha? 97

O que é santificação? 99

Como posso ser perseverante na justiça? 102

Como posso saber que meu coração é justo? 104

Os calçados do evangelho da paz – Efésios 6:14-15

Qual proteção os calçados do evangelho da paz fornecem?... 107

Como eu me armo com os calçados do evangelho da paz?... 109

O que significa deixar que a paz de Deus "seja o juiz" em meu coração? 111

O escudo da fé – Efésios 6:16

Que proteção o escudo da fé fornece? 114

Como eu me armo com o escudo da fé? 117

O que são as "setas inflamadas do Maligno"? 119

Como posso unir forças com outros cristãos? 120

O que posso fazer para fortalecer minha fé? 122

O capacete da salvação – Efésios 6:17

Que proteção o capacete da salvação fornece? 125

Como eu me armo com o capacete da salvação? 127

O que é a sabedoria? 128

De que maneiras o capacete da salvação prepara-me para o ministério? 130

Qual é minha esperança em meio ao combate? 132

Como posso me defender em um mundo hostil aos cristãos? 134

Como posso destruir as fortalezas de Satanás em meu coração e em minha mente? 136

O que significa "renovar sua mente"? 138

A espada do Espírito – Efésios 6:17

Que proteção a espada do Espírito fornece? 141

Como eu posso me armar com a espada do Espírito? 144
Como posso, de modo eficaz, empunhar a espada do Espírito? 146
Como a espada do Espírito transforma vidas? 148

A armadura de Deus – Efésios 6:10-11
Estou sempre equipado com a armadura de Deus? 151
Por que preciso vestir toda a armadura de Deus? 153
Como eu me visto de Cristo? 156

A batalha da oração
Qual é o propósito da oração no arsenal de Deus? 160
Devo mesmo orar "em todo tempo"? Isto é mesmo possível? 163
O que significa "vigiar" em oração? 167
Como Satanás tenta sabotar minha vida de oração? 170
O que significa ser um "guerreiro de oração"? 173
Como posso saber pelo que orar? 175
Existe um modelo para a oração? 177
Como posso desenvolver uma vida de oração eficaz? 179
Por que eu deveria continuar a orar quando sinto que Deus não está atendendo as minhas orações? 188

De que forma posso orar pelos outros? 189

Como posso perseverar na batalha quando estou com medo? 191

Conclusão
Como eu deveria viver à luz da batalha espiritual que está diante de mim? 194

A oração do guerreiro 196
Guia de referência para batalha espiritual 198
Guia de referência para oração 209
Notas 215

Introdução

A microeconomia diz respeito à sua movimentação no caixa eletrônico; a macroeconomia diz respeito aos mercados financeiros globais. Há um contexto geral e um contexto específico para tudo — até na vida espiritual. É compreensível que a maioria das pessoas se concentra nas microquestões da vida — o que está acontecendo hoje. Mas sem um pano de fundo bíblico sólido (a visão macro), os desafios atuais podem ser mal compreendidos e provocar desânimo. O contexto bíblico de ver todos os fatos da vida é chamado de batalha espiritual — o conflito milenar entre o reino das trevas e o reino da luz. Paulo diz em Colossenses 1:13 que Deus "[...] nos resgatou do domínio das trevas e nos transportou para o Reino do seu Filho amado".

O dominador do poder das trevas, Satanás, não está nem um pouco feliz com o que Deus realizou em Cristo. Então o objetivo principal de Satanás é destruir a fé dos cristãos ao fazer-nos duvidar da bondade, amor, perdão, proteção, provisão e promessas de Deus. Quando Satanás planeja cuidadosamente circunstâncias difíceis em nossa vida, não é só para causar sofrimento; é com o propósito de destruir nossa confiança em Deus.

Sabemos por meio da Escritura que Satanás não vencerá a batalha espiritual, mas toda vez que ele consegue fazer um cristão se afastar de Deus, ele vence uma batalha espiritual. A Bíblia começa (Gênesis 3:1-5) e termina (Apocalipse 20:8) com Satanás tentando enganar a humanidade *fazendo Deus parecer ser mau*.

O *Guia para batalhas espirituais* revela as estratégias de Satanás contra Deus e o ser humano — mostrando o contexto geral. Mas este livro também descreve o caminho do cristão para a vitória espiritual: como derrotar Satanás e permanecer fiel a Deus nos momentos mais desafiadores da vida.

Embora tenha sido dada a Satanás uma liberdade temporária para se opor a Deus neste mundo (1João 5:19), Cristo veio para finalmente destruir seus esforços (1João 3:8). Enquanto isso, Deus nos dá promessas e poder pelos quais podemos vencer todas as batalhas espirituais (1Coríntios 10:13).

Termos de comprometimento

"Combata o bom combate da fé." (1Timóteo 6:12)

Por que estudar a batalha espiritual?

Falando biblicamente e do ponto de vista prático, estamos numa batalha espiritual. O inimigo espiritual do cristão não está uniformizado e nos esperando num campo de batalha identificável. Ele usa táticas cruéis e incomuns, tais como engano, desvio e disfarce. Um grande número de pastores e professores, entretanto, ignora ou subestima a batalha espiritual ao ponto que muitos cristãos declarados nem sabem que estão em uma batalha. Essa falta de conscientização coloca os cristãos em sérios perigos. A igreja de Jesus Cristo precisa conhecer seu inimigo e suas estratégias. Acima de tudo, os cristãos precisam saber como obter vitória sobre o Inimigo.

Dois fatores estão acontecendo nos dias atuais que jamais imaginei que viveria para ver. Primeiro, a batalha espiritual está ficando bem mais intensa à medida que os ataques de Satanás ficam mais ousados.

Segundo, como mencionado anteriormente, muitos cristãos não estão levando a sério a batalha espiritual ou nem acreditando que tal batalha está acontecendo. Juntos, esses dois fatores denotam que temos uma crise em nossas mãos. Quando o perigo aumenta e nossa preocupação diminui, alguém precisa soar um alarme para evitar um desastre.

> Estamos em uma BATALHA espiritual.

Estamos mesmo em uma batalha?

Tenha certeza, a batalha espiritual é uma realidade na vida de todos os cristãos. Quando você abre as páginas do Novo Testamento, não faltam passagens que caracterizam o cristão como um guerreiro e a vida cristã como uma batalha. Somos chamados a uma luta implacável com forças invisíveis, e a luta é real.

> "Timóteo, meu filho, dou-lhe esta instrução, segundo as profecias já proferidas a seu respeito, para que, seguindo-as, você combata o bom combate" (1Timóteo 1:18).

> "Combata o bom combate da fé. Tome posse da vida eterna, para a qual você foi chamado e fez a boa confissão na presença de muitas testemunhas" (1Timóteo 6:12).

"Combati o bom combate, terminei a corrida, guardei a fé" (2Timóteo 4:7).

"Suporte comigo os meus sofrimentos, como bom soldado de Cristo Jesus" (2Timóteo 2:3).

"Nenhum soldado se deixa envolver pelos negócios da vida civil, já que deseja agradar aquele que o alistou" (2Timóteo 2:4).

"Estejam vigilantes, mantenham-se firmes na fé, sejam homens de coragem, sejam fortes" (1Coríntios 16:13).

Comentando estas passagens, o pastor e escritor J. C. Ryle disse: "Palavras como estas são para mim claras, simples e inconfundíveis. Todas elas ensinam uma única e mesma grande lição, se estivermos dispostos a recebê-la. Tal lição é: o verdadeiro cristianismo é uma luta, uma batalha e uma guerra."[1]

Não Acreditam no Diabo

Os homens não acreditam mais no Diabo,
Como seus pais costumavam acreditar;
Eles forçaram a porta do credo mais amplo
Para deixar sua majestade passar;
Não há vestígios de seus cascos fendidos,
Ou um dardo inflamado de seu arco,
Que se encontre hoje na terra ou no ar
Pois o mundo decidiu que assim seria.

Mas quem está embaralhando o plano fatal,
Que mente e coração paralisa
E a cada passar de ano enche a terra
Com mil corpos massacrados?
Quem hoje destrói da terra o florescer
Do inferno com fôlego ardente,
Se o Diabo não existe nunca existiu?
Alguém não vai se levantar e dizer?

Alfred J. Hough[2]

"Saiba ou não, goste ou não, você e eu estamos em uma guerra! E precisamos começar a viver como se estivéssemos em uma batalha pelas nossas vidas. Porque, na verdade, nós estamos."[3]

Stu Weber

Contra quem estamos lutando?

Finalmente, fortaleçam-se no Senhor e no seu forte poder. Vistam toda a armadura de Deus, para poderem ficar firmes contra as ciladas do Diabo, pois a nossa luta não é contra seres humanos, mas contra os poderes e autoridades, contra os dominadores deste mundo de trevas, contra as forças espirituais do mal nas regiões celestiais.

Efésios 6:10-12

Toda vez que Paulo menciona outra classe de seres espirituais em seus ensinos, ele reafirma que lutamos *contra* estes seres. A palavra *contra* aparece cinco vezes nos três versículos anteriores. Pense em um remador impulsionando sua canoa *contra* a correnteza. Ele está tentando progredir em uma direção enquanto a correnteza procura levá-lo para o lado oposto. Da mesma forma, estamos tentando progredir em direção ao Reino de Deus e Satanás desvia a correnteza do mundo na direção oposta, gerando resistência a cada remada.

A guerra de Satanás contra nós é organizada e estratégica. A palavra *poderes* (Efésios 6:12) refere-se aos seus chefes, enquanto a palavra *ciladas* (v. 11) refere-se aos seus planos engenhosos, enganos astutos e métodos perspicazes. Como um general militar, Satanás planeja seus ataques e direciona suas forças demoníacas. Note cuidadosamente como Paulo descreve contra quem estamos lutando: "[...] pois a nossa luta não é contra seres humanos." Ou seja, nosso inimigo não são as pessoas. Você pode pensar que são, mas não são. O autor João Philips coloca desta forma:

> Devemos ver além das pessoas. Satanás pode usá-las para nos perseguir, mentir para nós, enganar-nos, magoar-nos, ou até nos matar. Mas nosso real inimigo esconde-se nas sombras do mundo invisível, movendo-as como peões no tabuleiro do tempo. Enquanto enxergarmos as pessoas como inimigas e lutarmos contra elas, gastaremos nossa força em vão.[4]

Satanás é o maior destruidor. Ele quer destruir sua vida por meio da adversidade e impedir a obra que Deus deseja ver realizada. Satanás age assim, desanimando-o, dissipando seu tempo e energia e fazendo um ataque de frente em suas áreas fracas, que o levam a pecar. Satanás quer desfazer sua caminhada com Deus, arruinar seu testemunho e destruir sua vida.

Paulo dá a seguinte instrução em Efésios 6: "Finalmente, fortaleçam-se" (v. 10). Por quê? Para que possamos entrar na batalha e lutar contra o inimigo que se opõe a nós. Não é uma luta só para os apóstolos. Não é uma luta só para os pastores. Não é uma luta só para os diáconos ou outro líder eclesiástico. Essa é uma luta para os irmãos, para todos nós juntos – os irmãos e irmãs na família de Cristo. As linhas foram traçadas. Nosso inimigo, contra quem estamos envolvidos em um combate mortal, não é outro senão o próprio Satanás. O Senhor e os irmãos, seu povo, estão batalhando contra Satanás e seus demônios.

Como posso ter certeza de que fui chamado para batalhar?

Você pode estar se perguntando: "Talvez eu não tenha sido chamado para essa luta. Sabe, não faço muito o tipo guerreiro." Bem, você pode não estar agindo como um guerreiro, mas se é um cristão, você está no exército. Todos os cristãos foram escolhidos, ou vai ajudar a lutar, ou vai permanecer na reserva e ser infeliz.

Novamente, lemos J. C. Ryle:

> O cristão verdadeiro é chamado para ser um soldado e deve se comportar como tal desde o dia de sua conversão até o dia de sua morte. Seu propósito não é viver uma vida religiosa tranquila, desocupada e segura. Ele jamais deve imaginar por um momento que poderá dormir e relaxar ao caminho do céu.[5]

Parece que boa parte da teologia a que estamos expostos atualmente consiste em como podemos melhorar as coisas para nós: como podemos ganhar mais dinheiro, como podemos ser mais felizes, como podemos acumular itens maiores e melhores. Muitas vezes, a pregação da igreja passou a ser sobre *nós*. Mas, quando estudamos a Bíblia, percebemos que o cristianismo não se destina a fazer nossa vida ser livre de problemas. Destina-se a tornarmo-nos soldados dignos para Jesus Cristo. E este é o espírito dos soldados devotos: não buscar o caminho mais fácil, mas pedir a ajuda de Deus para estar preparado pelo que vem à frente.

Para ficarmos firmes contra nosso inimigo, devemos entender como Satanás busca atingir seus propósitos. Eu folheei a Bíblia e escrevi os verbos que descrevem a atividade dele: Satanás *engana, seduz, opõe-se, resiste, ilude, semeia o terror, atrapalha, luta, tenta, persegue, blasfema* – e muito mais. Não há verbos edificantes associados a Satanás. O objetivo dele é diminuir e deteriorar a glória de Deus. E em busca desse objetivo, Satanás é totalmente enganoso, divisor e destrutivo.

Como posso ser um guerreiro corajoso para Deus quando me sinto fraco?

Uma vez entendido que estamos em uma batalha espiritual, um dos primeiros pensamentos que vêm à mente é "Não sou capaz de lutar nesta guerra". A realidade é que é uma batalha árdua. Deixar que nossos medos ou nossas próprias fraquezas nos afastem da batalha não é uma opção. Todo cristão, independentemente da idade ou maturidade, é chamado por Deus para ser destemido. E não temos de ter medo, porque jamais seremos chamados para lutar essa guerra em nossa própria força. Deus promete fortalecer-nos em seu poder.

No livro de Efésios, o apóstolo Paulo oferece uma palavra de ânimo: "[...] fortaleçam-se no Senhor e no seu forte poder" (Efésios 6:10). E 2Timóteo 1:7 diz: "Pois Deus não nos deu espírito de covardia, mas de poder [...]." Estas passagens alertam que a força e o poder para a batalha são dons do Senhor. Isso não é um grande incentivo? O Deus Todo-Poderoso prometeu a nós, seus soldados, que ele irá nos proteger e nos manter fortes. Podemos, então, avançar com ousadia para a linha de frente, sabendo que não é ordenado ao cristão ser corajoso em sua própria força, mas ser encorajado pelo poder de outra pessoa – e este é Jesus Cristo.

Mais de um século atrás, J. C. Ryle escreveu:

> O sintoma mais triste acerca de muitos dos que se dizem cristãos é a total ausência de qualquer coisa como conflito e luta em seu cristianismo. Eles comem, bebem, vestem-se, trabalham, divertem-se, ganham dinheiro, gastam dinheiro, frequentam uma rodada limitada de cultos religiosos formais uma ou duas vezes por semana. Mas a maior batalha espiritual – suas vigílias e lutas, suas agonias e ansiedades, suas batalhas e pelejas – de todas elas, parece que não se aplicam a eles em absolutamente nada.[6]

Não é exigido ao cristão
ser corajoso em sua própria
força, mas ser encorajado pelo
poder de outra pessoa — e este
é Jesus Cristo.

Atrás das linhas inimigas

"Estejam alertas e vigiem. O Diabo, o inimigo de vocês, anda ao redor como leão, rugindo e procurando a quem possa devorar." (1Pedro 5:8)

Por que é importante conhecer o Inimigo?

Antes de lutar uma guerra, é sempre uma boa ideia saber algo sobre seu inimigo. Em nenhum outro lugar essa afirmação é mais verdadeira do que na esfera espiritual.

Muitos cristãos não levam o Inimigo a sério porque não sabem o bastante sobre ele. Na verdade, a estratégia mais inteligente de Satanás é fazer-nos acreditar que ele não existe ou que ele não é uma ameaça real. Alguns cristãos até não acreditam em um demônio literal. Ao contrário, creem que ele é um símbolo bíblico para o mal. Mas essa não é a posição da Bíblia. O Diabo é tão real quanto Deus. É difícil para um símbolo fazer as coisas atribuídas a Satanás na Escritura: enganar, matar, tentar, destruir, mentir, acusar e controlar.

Na famosa conversa entre Deus e Satanás em Jó 1, Deus perguntou a Satanás de onde ele vinha. O Diabo respondeu: "De perambular pela terra e andar por ela" (Jó 1:7). Satanás está ativo na terra, envolvido nas relações humanas. Na verdade, o mundo inteiro está sob seu comando (1João 5.19). Deus deu a Satanás autoridade na terra por tempo determinado e Deus um dia tomará de volta o controle. Enquanto isso, todos que vivem na Terra estão sujeitos às ações do Diabo. E por isso devemos manter a guarda contra ele.

No livro *A arte da guerra*, escrito no século IV a.C., o autor Sun Tzu observou:

> Se você conhece o inimigo e conhece a si mesmo, não temerá o resultado de 100 batalhas. Se você se conhece, mas não conhece o inimigo, para cada vitória ganha sofrerá também uma derrota. Se você não conhece nem o inimigo nem a si mesmo, morrerá em todas as batalhas.[7]

É possível que os cristãos fiquem preocupados ao estudarem Satanás e seus demônios?

Existem dois extremos que devemos evitar. Se você decide-se por não querer saber nada acerca do Inimigo e das forças dele, deixando de estudar este tema, então você dá a Satanás uma vantagem por meio de sua ignorância sobre ele. Por outro lado, se acha que precisa saber tudo o que há para saber sobre Satanás e lê cada palavra escrita a respeito dele, então você falhará ao não se concentrar em outras verdades importantes na Escritura que Deus deseja que você estude. Conheça seu inimigo, mas não fique preocupado com Satanás e seus demônios.

O que sabemos sobre a origem de Satanás?

O primeiro nome de Satanás era Lúcifer, que significa "o brilhante", "estrela da manhã", ou "filho da alvorada". E por mais estranho que possa parecer, ele veio do céu. Lúcifer era o comandante dos querubins — a ordem mais alta dos anjos. E, antes da queda, ele estava no Éden, o jardim de Deus, e tinha acesso ao trono de Deus (Ezequiel 28:13-14).

Sabemos também que Lúcifer era "[...] cheio de sabedoria e de perfeita beleza" (Ezequiel 28:12). Na verdade, Ezequiel 28:13 descreve a beleza de Lúcifer com joias que refletiam a glória de Deus: "[...] a cornalina, o topázio, o ônix, a crisólita, o berilo, o jaspe, a safira, a granada, a esmeralda e o ouro [...]" Nenhuma criatura tinha sido preparada inteiramente para refletir a glória de Deus.

Essa mesma passagem em Ezequiel também nos dá uma descrição musical: "[...] Em ti se faziam os teus tambores e os teus pífaros; no dia em que foste criado foram preparados" (v. 13) [AA].

Deus havia dado a Satanás a incumbência especial para ministrá-lo e cobrir sua glória com música por meio do louvor e da adoração. A respeito das habilidades musicais de Lúcifer, Terry Law escreveu: "Os tubos aparentemente foram criados por todo seu corpo[...] Ele era um músico mestre."[8] Era uma orquestra ambulante. E esse era o propósito diferencial que Deus lhe deu: Lúcifer era uma das melhores obras de Deus, criado para louvar a Deus no céu.

Do esplendor e beleza do céu, essa criação gloriosa será levada "[...] às profundezas do Sheol[...], irá ao fundo do abismo!" (Isaías 14:15). Toda a beleza dessa criação desaparecerá.

No poema épico *Paraíso Perdido*, de John Milton, vemos isso ilustrado. Há uma batalha no céu enquanto Satanás e seus seguidores lutam contra Deus por supremacia. Após ser derrotado e acorrentado no lago de fogo, Satanás ainda não está disposto a aceitar a derrota. Satanás preferia ser um rei no inferno a ser um servo no céu. Na verdade, a arrogância de Satanás é tão grande que, mesmo depois de ser expulso do céu, ele continuou trabalhando para subverter os planos de Deus ao corromper sua criação mais estimada: a humanidade. Satanás também tenta fazer com que o mal pareça ser bom à medida que encanta os seres humanos com falsos deuses. Das glórias do céu de onde foi criado, Satanás caiu, e seu destino final por toda a eternidade será um abismo.

> Satanás preferiria ser **um rei** no inferno a ser um servo no céu.

O que fez Lúcifer cair do céu?

Lúcifer era perfeito "[...] até que se achou maldade em você" (Ezequiel 28:15). Isaías 14:13-14 relata o que aconteceu no coração de Lúcifer quando ele se rebelou contra Deus: "Você, que dizia no seu coração: 'Subirei aos céus; erguerei o meu trono acima das estrelas de Deus; eu me assentarei no monte da assembleia, no ponto mais elevado do monte santo. Subirei mais alto que as mais altas nuvens; serei como o Altíssimo.'"

O coração de Lúcifer foi tomado pelo orgulho. Ele decidiu que não era mais tão bom ser um anjo criado na beleza de Deus. Lúcifer queria ser como "o Altíssimo". Ele desejou o lugar de Deus no céu — a posição de Deus, seu poder, sua perfeição, seu privilégio. E quando Lúcifer (a estrela da manhã) tornou-se Satanás (o adversário) devido ao pecado em seu coração, foi banido do céu (Ezequiel 28:16).

Seu coração orgulhoso foi o motivo de sua queda e a Bíblia diz que ele realmente caiu. Aqui estão as próprias palavras de Jesus: "[...] Eu vi Satanás caindo do céu como relâmpago" (Lucas 10:18).

Não era mais tão bom
SER UM ANJO
criado na beleza de Deus. Lúcifer queria ser como "o Altíssimo".

"O vício essencial, o mal extremo, é o orgulho... Foi pelo orgulho que o Diabo tornou-se o Diabo. O orgulho conduz a todos os outros vícios. É o estado mental totalmente antideus."[9]

C. S. Lewis

Como um ser perfeito e santo poderia ter caído?

Satanás não foi criado como Diabo. Deus criou Lúcifer. Ele perdeu esse nome e tornou-se Satanás (que significa adversário ou inimigo) por sua própria vontade. Mas como? Lúcifer não tinha um mundo pecaminoso para seduzi-lo, nenhuma tentação para atraí-lo e nenhuma natureza pecaminosa própria para dominá-lo. Como poderia aquela primeira inclinação ímpia aparecer em um ser angelical? A resposta está no fato de que — como você e eu — Lúcifer foi criado com livre-arbítrio.

Cada um de nós tem a opção de escolha: a oportunidade de dizer sim para Deus... ou não. Lúcifer escolheu usar seu dom do livre-arbítrio contra o Doador Supremo. Em seu coração, ele determinou com orgulho que exaltaria e glorificaria a si próprio. E esse foi o primeiro pecado cometido no universo – o pecado do orgulho.

Como resultado de sua posição de ungido nos céus e sua grande beleza, o coração de Lúcifer se encheu de orgulho e Deus o expulsou do céu (Ezequiel 28:17). Até hoje, Satanás continua arrogante, orgulhoso e rebelde contra Deus (Isaías 14:12-14). É um alerta para nós cristãos que, visto que a personalidade de Satanás é caracterizada pelo orgulho, ele irá nos tentar usando a mesma fraqueza em nós.

"Foi o orgulho que transformou anjos em demônios, mas é a humildade que faz de homens anjos."

Agostinho

Quais nomes são dados a Satanás na Bíblia?

Se você ler a Bíblia e grifar os nomes de Satanás, descobrirá uma lista extensa.

Aqui estão alguns nomes de Satanás que podem ser encontrados na Bíblia:

- O inimigo de vocês (1Pedro 5:8).
- O acusador dos nossos irmãos (Apocalipse 12:10).
- Um anjo de luz (2Coríntios 11:14).
- Que engana o mundo todo (Apocalipse 12:9).
- Apoliom, o anjo do abismo (Apocalipse 9:11).
- O maligno (João 17:15).
- Um mentiroso (João 8:44).
- Um homicida (João 8:44).
- O príncipe do poder do ar (Efésios 2:2).
- O príncipe deste mundo (João 12:31, 14:30, 16:11).

- A antiga serpente (Gênesis 3:4, Apocalipse 20:2).
- O tentador (Mateus 4:3).

Existem muitos nomes para Satanás na Bíblia, e todos eles o revelam como nosso inimigo.

Satanás tem seu próprio reino?

Muitos teólogos creem que, quando Satanás rebelou-se, um terço dos anjos no céu rebelaram-se com ele, vieram à terra, e agora compõem seu exército rebelde lutando contra Deus (Apocalipse 12:4).

Satanás não está sozinho em sua busca diabólica: ele é o chefe de seu próprio reino (Mateus 12:26). Ele possui hierarquias de principados, e poderes, e anjos, e demônios; e comanda todos eles. A Bíblia chama Satanás três vezes de "o príncipe deste mundo" (João 12:31; 14:30; 16:11). É chamado também de "o príncipe do poder do ar" (Efésios 2:2). Como príncipe deste mundo, Satanás é responsável pelos homens maus; como príncipe do poder do ar, é responsável pelos espíritos maus. Diz-se que ele é tanto um leão que ruge quanto um grande dragão, e é descrito como diabólico, enganador, destruidor, rebelde e cheio de ódio.

Satanás é o segundo ser de maior poder no universo, sujeito apenas a Deus. A Bíblia diz que os homens são cativos pelo poder de Satanás até que sejam libertos pelo poder do Salvador.

O exército de Satanás é organizado?

A Escritura ensina claramente que Satanás controla e comanda um grande exército de anjos caídos. Na força do mal descrita em Efésios 6:12, lemos que seu exército é organizado e que há uma hierarquia no domínio de Satanás:

> Pois a nossa luta não é contra seres humanos, mas contra os poderes e autoridades, contra os dominadores deste mundo de trevas, contra as forças espirituais do mal nas regiões celestiais.

No grego, "autoridades" referem-se aos "primeiros" ou aos "chefes". Os "poderes" mencionados aqui são os oficiais maiores, e os "dominadores" são os comandantes da divisão. E com esse soldado raso está o exército de maldade sob o comando dos oficiais. Evidentemente, há um esforço organizado da parte de Satanás para fazer sua obra no mundo. Ele organizou suas forças contra o povo de Deus, e somos o alvo desse esquema.

> "Infelizmente, o grande problema com o mundo atual e com a igreja é que eles sabem pouquíssimo sobre o Diabo e seus poderes e autoridades."[10]
>
> D. Martyn Lloyd-Jones

Satanás é um deus?

A Bíblia descreve que, por mais estranho que possa parecer, Satanás é um deus — com "d" minúsculo. 2Coríntios 4:4 refere-se ao "deus desta era". Quem é esse deus? É Satanás.

Satanás é o fundador e presidente de sua própria religião. Ele tem sua própria igreja:

> Conheço as suas aflições e a sua pobreza; mas você é rico! Conheço a blasfêmia dos que se dizem judeus mas não são, sendo antes sinagoga de Satanás. Veja o que farei com aqueles que são sinagoga de Satanás e que se dizem judeus e não são, mas são mentirosos. Farei que se prostrem aos seus pés e reconheçam que eu o amei (Apocalipse 2:9, 3:9).

Ele tem seu próprio evangelho: "Mas ainda que nós ou um anjo dos céus pregue um evangelho diferente daquele que lhes pregamos, que seja amaldiçoado!" (Gálatas 1:8).

Ele tem seus próprios ministros: "Portanto, não é surpresa que os seus servos finjam que são servos da justiça. O fim deles será o que as suas ações merecem" (2Coríntios 11:15).

Ele tem sua própria doutrina: "O Espírito diz claramente que nos últimos tempos alguns abandonarão a fé e seguirão espíritos enganadores e doutrinas de demônios" (1Timóteo 4:1).

E ele tem sua própria mesa de comunhão e cálice: "Não! Quero dizer que o que os pagãos sacrificam é oferecido aos demônios e não a Deus, e não quero que vocês tenham comunhão com os demônios. Vocês não podem beber do cálice do Senhor e do cálice dos demônios; não podem participar da mesa do Senhor e da mesa dos demônios" (1Coríntios 10:20-21).

Satanás é o deus desta era.

O quanto Satanás é poderoso?

Em 2Tessalonicenses 2:9, lemos que "A vinda desse perverso é segundo a ação de Satanás, com todo o poder, com sinais e com maravilhas enganadoras", então sabemos que ele possui poderes sobrenaturais. 1Pedro 5:8 descreve Satanás "[...] como leão, rugindo e procurando a quem possa devorar". Ele é enganador. Sedutor. Destruidor. E está cheio de ódio. Ele tem sua própria blindagem. Sua própria fortaleza. Seu próprio homem forte. E ele é o poder por detrás do sistema mundial.

1João 5:19 diz: "[...] e que o mundo todo está sob o poder do Maligno." Definitivamente, Satanás tem poder — se não fosse pelo nosso relacionamento com Cristo, deveríamos temê-lo. Mas como cristãos, podemos nos manter firmes na batalha "[...] porque aquele que está em vocês é maior do que aquele que está no mundo" (1João 4:4).

A Bíblia relata que Deus tem Satanás em um freio

(Jó 1–2). Nosso inimigo pode ter um pouco de poder hoje — poder este que lhe foi cedido sob a soberania de Deus — mas um dia ele será confinado eternamente no lago de fogo com seus anjos.

Os cristãos têm a vitória final sobre o pecado e a morte por meio de Cristo. O poder de Satanás está sob o controle de Deus.

Satanás se opõe a Deus?

Jamais devemos subestimar o poder de Satanás, mas também não podemos nos enganar crendo que ele é tão poderoso quanto Deus. Satanás não é e jamais será onisciente ou onipotente. Ele não está acima de Deus. Primeiramente, como Satanás surgiu? Ele é criação de Deus. Então não seja tentado a pensar, "Deus está aqui, ele é Todo-Poderoso para o bem; e Satanás está daquele lado, e ele é todo-poderoso para o mau". Isso não é verdade. Satanás não se iguala a Deus. Deus não tem alguém à sua altura.

Como Satanás tenta enganar o mundo?

O engano espiritual deve ser a arma mais traiçoeira na guerra de Satanás contra nós. Jesus e os apóstolos falaram disso quase trinta vezes no Novo Testamento. João 8:44 relata a resposta de Jesus a um grupo que estava resistindo à sua mensagem. Jesus disse-lhes com ousadia que eles eram filhos de seu pai, o Diabo, e que eles não estavam ouvindo a verdade porque o idioma nativo do pai deles era a mentira. Um idioma nativo de alguém é aquele falado com mais facilidade. E Satanás fala o idioma do engano muito fluentemente.

Na verdade, Apocalipse 12:9 refere-se a Satanás como aquele "que engana o mundo todo" e ele engana ao copiar a obra de Deus por meio da imitação e da camuflagem. O último e maior engano de Satanás será trazer o Anticristo ao mundo no fim dos tempos. Inicialmente, o Anticristo será um pacificador que utiliza a fala persuasiva e manifesta poderes sobrenaturais tantos quantos Jesus manifestou. Mas uma vez que as pessoas caem por causa de sua imitação, o Anticristo irá levá-las não para Deus, mas para longe dele.

O pastor e teólogo R. Kent Hughes explica um dos motivos da eficiência de Satanás como um enganador e manipulador:

> Não sou um gênio em matemática, mas mesmo com minhas capacidades limitadas eu poderia ser ótimo em matemática se eu a praticasse por cem anos (talvez!). Se me esforçasse muito nisso por mil anos, seria um Newton ou Einstein. E se tivesse dez mil anos? Com esse tempo, qualquer um de nós poderia se tornar o maior filósofo do mundo, ou psicólogo, ou teólogo, ou linguista... Satanás teve múltiplos milênios para estudar e se tornar mestre nas disciplinas humanas, e quando se trata da subversão humana, ele é o manipulador máximo.[11]

Os disfarces de Satanás são muito inteligentes, e ele se esconde nos lugares mais inacreditáveis. Um de seus esconderijos preferidos é a religião. Também se esconde na intelectualidade. Na poesia e na arte, e muitas vezes na música. Esconde-se na psicologia e no entendimento humano. Satanás pode até usar o método sutil de extrair a Escritura do contexto para enganar. Quando as pessoas extraem os versículos do contexto e os usam para provar algo que não pretendiam provar, elas estão caindo direto na armadilha de Satanás.

Satanás jamais nos tenta para crermos em um erro descarado: isso seria discernido muito facilmente. Satanás é sutil, e é por isso que nós, como povo de Deus, devemos ficar alerta.

Como Satanás tenta imitar Deus?

Muitas pessoas não percebem que parte do engano de Satanás é sua habilidade como imitador e falsário. O próprio Satanás disse: "Subirei mais alto que as mais altas nuvens; serei como o Altíssimo" (Isaías 14:14). E quando você vê Satanás agindo no mundo, torna-se evidente que tudo o que o Senhor fez, Satanás tenta, de forma lamentável, plagiar.

Jesus é o "Príncipe da Paz" (Isaías 9:6); Satanás é o "Príncipe deste mundo" (João 12:31, 14:30, 16:11).

Jesus Cristo é "a Luz do mundo" (João 9:5). Satanás foi transformado em "anjo de luz" (2Coríntios 11:14).

Jesus Cristo é "o Senhor, o meu Deus" (Zacarias 14:5); Satanás é "o deus desta era" (2Coríntios 4:4).

Jesus é "o leão da tribo de Judá" (Apocalipse 5:5);

Satanás é "como leão, rugindo e procurando a quem possa devorar" (1Pedro 5:8).

Satanás tenta imitar Deus porque ele quer ser como Deus.

Como Satanás provoca divisão no Corpo de Cristo?

Ouvi muitas histórias de igrejas onde a discórdia entre os membros levou a um rompimento desagradável — uma divisão que destruiu a paz e unidade no corpo de Cristo. Deixe-me dizer-lhe quem está por detrás de tudo isso: o próprio Satanás.

Satanás gosta de usar a estratégia consagrada pelo tempo de dividir e conquistar. Quando foi expulso do céu, ele levou um terço dos anjos com ele. Dividiu a primeira família humana, colocando Caim contra Abel. Tentou Ananias e Safira a dividir a lealdade deles entre Deus e o dinheiro. E hoje em dia Satanás segue a mesma estratégia. Nosso inimigo continua trazendo divisão em amizades, comunhão, grupos pequenos, igrejas e no grupo da igreja.

Como? Ele injeta os venenos da suspeita, intolerância, ódio, ciúmes e crítica – venenos que buscam uma brecha no corpo de Cristo. Frequentemente, essa brecha é a língua humana: nossas palavras. Tiago diz que a língua "[...] ela mesma incendiada pelo inferno [...] É um mal incontrolável, cheio de veneno mortífero" (Tiago 3:6,8). Quando encontramos palavras nocivas criando divisão na igreja, adivinha quem está feliz?

Onde quer que encontre divisão, sabe-se que Satanás está atuando.

Descrições de Satanás na Bíblia

Ele é uma serpente tentando enganar o povo de Deus.
- Gênesis 3:1
- Apocalipse 12:9

Ele é uma ave tentando roubar a colheita de Deus.
- Mateus 13:4, 19

Ele é um lobo tentando enganar o rebanho de Deus.
- João 10:12
- Mateus 10:16

Ele é um leão tentando devorar os filhos de Deus.
- 1Pedro 5:8

Ele é um dragão tentando destruir o Filho de Deus.
- Apocalipse 12:1-9

Como Satanás usa a estratégia da destruição?

Em Apocalipse 9:11, o apóstolo João chama Satanás de "Apoliom", que em grego significa "destruidor". Esse nome realmente se adapta ao Diabo, não?

Satanás fará tudo para destruir, atrasar, exterminar ou derrubar a obra de Deus. Jó, no Antigo Testamento, é um exemplo excelente. Quando Deus concedeu a Satanás acesso a Jó, Satanás destruiu tudo, exceto Jó e sua esposa. Ele até destruiu a saúde de Jó e a atitude da esposa dele em relação ao marido. Jó resistiu e permaneceu fiel a Deus apesar do teste de Satanás. No final do teste, Deus abençoou ricamente Jó por sobreviver vitoriosamente ao seu teste de fé.

Satanás sabe que ele não pode destruir Deus, então sua próxima tática é destruir o povo de Deus — para trazer adversidades em nossas vidas. E ele aproveitará qualquer oportunidade, não importa se seja pequena ou aparentemente insignificante, para tentar destruir uma vida de fidelidade a Deus. Então, fique alerta!

Satanás sabe QUE ELE NÃO PODE DESTRUIR DEUS, *então sua próxima tática é destruir o povo de Deus.*

Como Satanás usa a estratégia da distração?

A ideia de preparar uma intervenção na vida de uma pessoa para deter o progresso de algum tipo de comportamento nocivo ou imprudente é bem conhecida. O objetivo é quebrar o ciclo normal de comportamento e substituir por ajuda médica ou outros comportamentos melhores. Entretanto, Satanás ama intervir em nossa vida para fazer exatamente o oposto: ele quer nos distrair do nosso comportamento espiritual saudável e nos tentar com comportamentos maus.

Se Satanás puder nos distrair das prioridades produtivas espirituais em nossa vida e nos ocupar com as coisas deste mundo, sua intervenção será bem-sucedida. Se estivermos muito ocupados para orar, estudar a Bíblia, servir aos outros e ir à igreja para os estudos bíblicos, então não cresceremos espiritualmente. Permaneceremos bebês em Cristo.

Certamente não há nada de errado em estar ocupado — contanto que estejamos ocupados com as coisas certas e que não fiquemos tão ocupados a ponto de pensarmos em nossa ocupação como forma de impressionar a Deus. Até isso é uma armadilha que Satanás usa para nos distrair da espiritualidade verdadeira.

O que são as "ciladas do Diabo"?

A Bíblia ensina que Satanás está atacando as vidas e as causas que destruiriam seus planos. É por isso que todos nós que somos cristãos sentimos os efeitos da presença de Satanás. Ele não está interessado em quem lhe pertence. Satanás concentra seus esforços naqueles que querem derrotá-lo. Este é o propósito de Satanás: enfraquecer a influência de homens e mulheres que conhecem Jesus Cristo. E a Bíblia diz que Satanás possui um método para fazer isso. Estamos batalhando contra "as ciladas do Diabo" (Efésios 6:11).

Agora, "ciladas" não é uma palavra que usamos muito em nossa cultura atualmente. Empregar "ciladas" é usar astúcia e sutilezas para persuadir uma pessoa a fazer o que alguém deseja. E pessoalmente acredito que Satanás tem uma estratégia para cada um de nós. Ele conhece nossas fraquezas, nossas forças, e não vai parar por nada se achar que pode nos tornar vítimas de seus desígnios.

A palavra grega *methodeia* é traduzida como "ciladas" ou "cilada" na *Nova Versão Internacional* (NVI), e em português também significa *método*. Esta palavra é outra indicação de que aquele que está planejando nos atacar é organizado e sistemático. Seus planos são "as ciladas do Diabo" das quais devemos nos proteger.

Quando fugimos do Inimigo, tornamo-nos acessíveis à derrota espiritual definitiva.

De que maneiras damos lugar ao Inimigo?

Quando sabemos o que é certo e abrimos mão dessa convicção para nos entregar a algo que queremos fazer, damos lugar ao Inimigo. Quando ouvimos a voz de Deus falando conosco claramente e, por conforto ou talvez até mesmo por medo, adiamos nossa obediência, abrimos a porta para o Inimigo atacar.

A Bíblia diz que o Diabo "anda ao redor como leão, rugindo e procurando a quem possa devorar" (1Pedro 5:8). Ele quer tanto mudar quem nós somos para que não tenhamos mais poder de compromisso ou testemunho. Satanás quer que caiamos em coisas carnais, que destroem nossa habilidade de nos posicionarmos pelo Senhor. É isso que ele procura fazer. Satanás quer, principalmente, destruir nossa determinação por Cristo. E quando fugimos do Inimigo, tornamo-nos acessíveis à derrota espiritual definitiva. Não dê a Satanás a oportunidade de se aproximar de você e destruí-lo. Não dê as costas para ele. Ao contrário, mantenha-o em vista e fique firme em meio às tentativas dele de destruir.

Os demônios são reais?

Enquanto existem algumas pessoas nos dias de hoje que negam a realidade dos demônios, a Bíblia fornece evidência abundante da existência deles. Os demônios são mencionados mais do que oitenta vezes no Novo Testamento; e na maioria dos casos, vemos o Senhor Jesus Cristo confrontando-os. Cristo conhecia a realidade dos demônios e demonstrou seu poder sobre eles muitas vezes:

- "Ao anoitecer, depois do pôr do sol, o povo levou a Jesus todos os doentes e os endemoninhados" (Marcos 1:32).
- "Então ele percorreu toda a Galileia, pregando nas sinagogas e expulsando os demônios" (Marcos 1:39).
- "Notícias sobre ele se espalharam por toda a Síria, e o povo lhe trouxe todos os que sofriam de vários males e tormentos: endemoninhados, loucos e paralíticos; e ele os curou" (Mateus 4:24).

- "Naquele momento Jesus curou muitos que tinham males, doenças graves e espíritos malignos, e concedeu visão a muitos que eram cegos" (Lucas 7:21)

Satanás não trabalha sozinho em seus ataques espirituais.

Jesus falou do fogo eterno preparado "[...] para o Diabo e os seus anjos" (Mateus 25:41). Satanás e seus anjos são mencionados juntos em Apocalipse 12:9. Em Mateus 12:24, Satanás é chamado de "[...] Belzebu, o príncipe dos demônios [...]".

Esses espíritos são seres racionais e não doenças ou aflições ou truques da imaginação. Possuem todos os atributos de personalidade. Até creem em Deus, como Tiago diz: "Você crê que existe um só Deus? Muito bem! Até mesmo os demônios creem — e tremem!" (Tiago 2:19).

Os demônios pensam, creem, ouvem e falam contra o povo de Deus. Eles são reais!

O que são os demônios?

Os demônios são os servos de Satanás e estão comprometidos com seu esquema de frustrar o plano de Deus. Frequentemente, na Escritura, os demônios também são chamados de "espíritos maus" e "espíritos imundos". Eles são governados pelo próprio Satanás e compartilham sua obra imunda.

Mas veja o fato de que nada que os demônios façam pode estar fora do bom propósito e plano de Deus. Nunca se esqueça disto: "Pois estou convencido de que nem morte nem vida, nem anjos nem demônios, nem o presente nem o futuro, nem quaisquer poderes, nem altura nem profundidade, nem qualquer outra coisa na criação será capaz de nos separar do amor de Deus que está em Cristo Jesus, nosso Senhor" (Romanos 8:38-39).

Comentando sobre essa verdade, João Calvino descreveu Deus "jogando os espíritos imundos para cá e para lá a seu bel-prazer". Os demônios estão sempre "lutando contra [o povo de Deus], atacando-os com ciladas, incitando-os com pedidos, insistindo, perturbando, amedrontando e, de vez em quando, ferindo, mas jamais vencendo ou oprimindo-os."[12]

Da mesma forma que Satanás e os demônios compartilham uma origem, uma paixão e uma obra em comum, então também devem enfrentar um destino em comum. Paulo garantiu que Jesus "[...] reine até que todos os seus inimigos sejam postos debaixo de seus pés" (1Coríntios 15:25). Esses inimigos incluem o Diabo e todos os demônios.

Existem diferentes tipos de demônios?

Quando estudamos a Bíblia, aprendemos sobre dois tipos de demônios. Eles são aquilo que podemos chamar de "os caídos e os livres" e "os caídos e os aprisionados".

"Os caídos e os livres" são aqueles demônios que estão criando hoje todo o caos e estresse no mundo sob o controle de Satanás. Depois, existem "os caídos e os aprisionados" — uma classe de demônios já presos em um local chamado Tártaro, um dos compartimentos do inferno. Judas 1:6 diz: "E, quanto aos anjos que não conservaram suas posições de autoridade, mas abandonaram sua própria morada, ele os tem guardado em trevas, presos com correntes eternas para o juízo do grande Dia". E eles estarão lá para sempre e sempre. Jamais sairão de lá. E a Escritura diz que eles "abandonaram sua própria morada".

Em Gênesis lemos que quando os anjos caídos viram as filhas dos homens, ficaram cheios de luxúria e coabitaram com elas, dando à luz uma descendência que era metade angélica e metade humana — um resultado sobre-humano chamado, na linguagem bíblica, de *nefilins*, que significa "gigantes" (Gênesis 6:1-2,4). Essa violação dos limites dados por Deus entristeceu-o tanto que decidiu imediatamente enviar um dilúvio para destruir a terra inteira, mantendo apenas oito almas vivas dentro da arca. E por causa desse pecado, quando os anjos abandonaram sua própria morada e entraram na esfera da carne humana, esses anjos caídos foram lançados no inferno "[...] prendendo-os em abismos tenebrosos a fim de serem reservados para o juízo" (2Pedro 2:4).

Em todos os encontros de Jesus com os demônios, Jesus era o vencedor. Seus seguidores compartilham desse poder. Quando os discípulos de Cristo retornaram "alegres" de uma viagem missionária, eles relataram a Jesus, "[...] Senhor, até os *demônios se submetem a nós*, em teu nome" (Lucas 10:17). E Jesus respondeu: "[...] Eu vi Satanás caindo do céu como relâmpago" (Lucas 10:18).

Judas diz que Deus mantém os anjos caídos "[...] em trevas, presos com correntes eternas para o juízo do grande Dia" (Judas 1:6).

Enquanto isso, até aquele grande dia, nós pelejamos e *lutamos* "[...] não é contra seres humanos, mas contra os poderes e autoridades, contra os dominadores deste mundo de trevas, contra as forças espirituais do mal nas regiões celestiais" (Efésios 6:12).

Nessa luta há alguém que nos mostra como sobreviver e vencer, alguém que conheceu melhor a batalha espiritual do que qualquer um que caminhou na terra. Este alguém é Jesus.

Um cristão pode ser possesso por um demônio?

Os demônios estão ativos no mundo hoje, mas creio que a Bíblia é clara de que os cristãos não podem ser possessos por demônios. 1Coríntios 6:19 diz: "Acaso não sabem que o corpo de vocês é santuário do Espírito Santo que habita em vocês, que lhes foi dado por Deus, e que vocês não são de si mesmos?" Os cristãos são permanentemente habitados pelo Espírito de Deus.

Depois, em 1João 4:4 lemos: "Filhinhos, vocês são de Deus e os venceram, porque aquele que está em vocês é maior do que aquele que está no mundo". Aquele que está em nós é o Espírito Santo e aquele que está no mundo é Satanás com seus demônios. E a conclusão é muito clara: um demônio não é capaz de entrar e controlar um cristão porque o Espírito Santo é mais forte do que qualquer ser demoníaco, incluindo o próprio Satanás. Simples assim.

> *Um demônio não é capaz de entrar e controlar um cristão porque o* **ESPÍRITO SANTO** *é mais forte do que qualquer ser demoníaco, incluindo o próprio Satanás.*

O que acontecerá finalmente a Satanás e a seu exército de anjos caídos?

O Diabo e seus demônios estão condenados a um castigo eterno. Não há esperança para eles porque Jesus Cristo não derramou seu sangue no Calvário para redimir anjos caídos. Caíram de viver na presença do Deus Todo-Poderoso como seus escolhidos querubins da adoração. Agindo por vontade própria, esses anjos rebelaram-se contra Deus.

Um dia, Satanás será lançado no abismo por mil anos, e então ele e seus anjos serão lançados ao lago de fogo (Apocalipse 20:1-3,10). Deus já obteve a vitória sobre Satanás e seu exército. O julgamento deles é certo: "Então ele dirá aos que estiverem à sua esquerda: 'Malditos, apartem-se de mim para o fogo eterno, preparado para o Diabo e os seus anjos'" (Mateus 25:41). Esperamos o dia quando a sentença será cumprida por completo.

O arsenal de Deus

>>>>><<<<<

"Assim, mantenham-se firmes, cingindo-se com o cinto da verdade, vestindo a couraça da justiça e tendo os pés calçados com a prontidão do evangelho da paz. Além disso, usem o escudo da fé, com o qual vocês poderão apagar todas as setas inflamadas do Maligno. Usem o capacete da salvação e a espada do Espírito, que é a palavra de Deus." (Efésios 6:14-17)

Que armadura Deus me deu para a batalha?

Esta guerra contra Satanás não é do tipo que temos de ir sem proteção. O apóstolo Paulo identificou seis peças da armadura espiritual em Efésios 6:14-17, cada uma lidando com uma área específica da nossa vida.

1. O cinto da verdade.
2. A couraça da justiça.
3. Os calçados do evangelho da paz.
4. O escudo da fé.
5. O capacete da salvação.
6. A espada do Espírito.

Não seja uma vítima da batalha espiritual. Entre na batalha e fique firme contra o Inimigo ao vestir a completa armadura de Deus todos os dias!

O cinto da verdade

"[...] mantenham-se firmes, cingindo-se com o cinto da verdade [...]."

(Efésios 6:14)

Que proteção o cinto da verdade oferece?

Paulo primeiro disse para sermos cingidos com a verdade, referindo-se ao cinto que amarrava a arma de um soldado ao corpo. Os soldados de hoje são equipados com um cinto de combate, uma versão moderna do cinto do soldado romano que possui a mesma função. Isso permite carregar todos os equipamentos necessários em um espaço restrito sob as condições de combate. Esse cinto inclui bolsos para munições extras, granadas, um cantil, um rádio ou telefone via satélite e outros itens, tais como suprimentos médicos e objetos pessoais.

Para o cristão, esse cinto de combate é a *verdade*. Paulo diz, "[...] mantenham-se firmes, cingindo-se com o cinto da verdade [...]". Esse cinto de combate especial é importante por causa da natureza do nosso inimigo: Satanás está determinado a impedir a obra de Deus em nossa vida. Satanás está aqui para roubar, matar e destruir. Ele "[...] anda ao redor como leão, rugindo e procurando a quem possa devorar" (1Pedro 5:8). Ele é um mentiroso desde o início, um enganador, uma serpente. É o acusador dos irmãos. Seja o que for que ele disser a nós, é uma distorção.

Em *The Last Lion* [O último leão], o biógrafo e historiador William Manchester escreveu que Winston Churchill "adotou, como trabalho de tese, a hipótese de que qualquer declaração política externa de Hitler era exatamente o oposto da verdade."[13] Foi uma hipótese que ajudou bem Churchill, pois Hitler era um mentiroso e um enganador desde o início.

Podemos presumir a mesma coisa em relação ao Diabo. O livro de João, capítulo oito, diz que Satanás é um mentiroso e que não há verdade nele. Satanás vem até nós com engano, simulação, trapaça e falsidade. Ele quer nos confundir. Perceba, por exemplo, como ele confundiu os valores do certo e errado em nossa sociedade. Perceba como sua máquina de propaganda — a mídia de entretenimento atual — glorifica a imoralidade e ridiculariza os valores bíblicos.

Isso significa que os cristãos devem ser filhos da verdade. Temos que implementar a verdade em nossa vida. Jesus disse, "Eu sou [...] a verdade [...]" (João 14:6). João 1:14 diz que ele é "cheio de graça e de verdade". Jesus diz que a Palavra de Deus é a verdade (João 17:17). Ele disse aos discípulos: "[...] Se vocês permanecerem firmes na minha palavra, verdadeiramente serão meus discípulos. E conhecerão a verdade, e a verdade os libertará" (João 8:31-32).

Como eu me cinjo com o cinto da verdade?

Para sermos cingidos com a verdade devemos conhecê-la — o conselho total de Deus. Deus colocou tudo que deseja que saibamos entre as capas da Bíblia — tudo que deseja que saibamos sobre ele, sobre seu Filho, sobre a eternidade e sobre a vida. E quando estudamos a Palavra de Deus, quando aprendemos cuidadosamente e então aplicamos sua verdade, recebemos o poder em nossa vida.

Agora, talvez você nunca memorize a Bíblia inteira, mas tenha a prioridade de conhecê-la muito bem para saber manejá-la a fim de encontrar em sua Bíblia respostas específicas. Quanto mais verdade souber, mais equipado estará para ir para a batalha e ser vitorioso. Quando se aceita a verdade de Deus e a pratica, então é possível incluir essa verdade em sua vida, e Deus irá capacitá-lo para ser vitorioso no campo de batalha.

Como posso discernir as mentiras de Satanás das verdades de Deus?

Alguém, certa vez, disse-me que, se quero identificar uma vara torta, a melhor coisa a se fazer é colocar uma vara reta ao lado dela. Esse mesmo princípio funciona quando você está lidando com o engano de Satanás. Se colocar a vara reta da Palavra de Deus perto do que você está tentando discernir, geralmente será capaz de identificar as propagandas enganosas de Satanás.

Mas recentemente li um artigo escrito por Roger Olson no qual ele recomenda uma ferramenta adicional. Ele escreveu:

> Acredito que é importante e precioso para os cristãos conhecerem não somente a exatidão teológica (ortodoxia), mas também as ideias daquelas julgadas heréticas dentro da história da igreja. Um motivo é que é quase impossível valorizar o

significado da ortodoxia sem entender as heresias que forçaram seu desenvolvimento.[14]

O apóstolo Paulo alertou que Satanás tira vantagem de nós quando somos ignorantes acerca de suas estratégias (2Coríntios 2:11).

O que significa viver uma vida de honestidade?

A verdade é objetiva: ou alguma coisa é verdade ou não. A honestidade, portanto, demonstra se a verdade que conhecemos sobre Deus nos torna pessoas que são verdadeiras.

Se quisermos ser soldados na batalha contra Satanás, devemos ser pessoas de integridade e sinceridade. 3João 4 diz: "Não tenho alegria maior do que ouvir que meus filhos estão andando na verdade". Ou seja, esses cristãos não só conhecem a verdade; eles vivem uma vida de honestidade, uma vida que é impactada pelo conhecimento mental e de coração da verdade imutável de Deus.

Tal estilo de vida implica que estamos lidando com as realidades do pecado em nosso ego pecaminoso. Não estamos permitindo hipocrisia ou qualquer desculpa para nos afastar de viver do modo que Deus nos chama para viver; não estamos consentindo o pecado nem pelas nossas palavras ou pelo silêncio, nem pelas nossas ações ou inatividade. Procuramos ser honestos diante do Senhor e diante dos outros, não estamos fingindo a vida cristã e nem dissimulando o que significa ser um cristão. É isso que representa o cinto da verdade. É conhecer a verdade e então permitir que essa verdade mude quem somos de dentro para fora. Afinal de contas, como podemos ter qualquer influência na vida dos outros sobre a verdade se não estamos vivendo-a em nossa própria vida?

"Sonda-me, ó Deus, e conhece o meu coração; prova-me, e conhece as minhas inquietações. Vê se em minha conduta algo te ofende, e dirige-me pelo caminho eterno." (Salmos 139:23-24)

Qual é a importância de uma consciência limpa?

Não é incomum ouvir alguém sendo instruído a "deixar que a consciência seja seu guia". Mas isso nem sempre é um bom conselho. É possível alguém seguir a consciência e fazer a coisa errada.

Seis vezes em suas epístolas pastorais, Paulo menciona a consciência. Ele escreve sobre uma consciência boa e uma consciência limpa, mas ele também diz que é possível ter a consciência de alguém "corrompida" (Tito 1:15) ou impura. Paulo descreve uma consciência impura como tendo sido "cauterizada" (1Timóteo 4:2). O autor de Hebreus fala mesmo de uma "consciência culpada" (Hebreus 10:22).

A consciência é uma de nossas aptidões internas dada por Deus, uma testemunha essencial dentro de nós que diz que devemos fazer o que cremos ser certo e não fazer o que cremos ser errado. Entretanto, a consciência não nos instrui quanto ao que é certo ou errado; ela incita-nos a fazer o que fomos ensinados que é certo.

Logo, é possível ser desviado por nossa consciência se formos enganados acerca do que é certo e errado. É importante entender que nossa consciência deve ser instruída pela Palavra de Deus, já que ela diz o que é certo e o que é errado. Sem ser moldado pelo padrão absoluto da Palavra de Deus, nossa consciência é um guia de vida não confiável porque ela é enganada facilmente e sujeita às emoções e aos temperamentos.

O pastor D. Martyn Lloyd-Jones observou que a atual religião muitas vezes acalma a consciência em vez de despertá-la, e produz um senso de autossatisfação e segurança eterna, em vez de um senso de autodesmerecimento.[15]

Paulo encoraja Timóteo a "manter a fé e a boa consciência" (1Timóteo 1:19). E ele continua dizendo ao seu discípulo que um diácono na igreja deve ser um que se "apega ao mistério da fé com a consciência limpa" (1Timóteo 3:9).

Se quisermos que nossa consciência seja nossa aliada em uma vida santa, devemos impregná-la com a Palavra de Deus e pedir ao Espírito Santo para convencer-nos do pecado e nos conduzir em justiça. (Atos 23:1, 24:16; Romanos 2:15, 9:1; 2Coríntios 1:12; Hebreus 10:22, 13:18; 1Pedro 2:19, 3:16, 3:21).

A couraça
da justiça

"Assim, mantenham-se firmes, cingindo-se com o cinto da verdade, vestindo a couraça da justiça." (Efésios 6:14)

Que proteção a couraça da justiça oferece?

A *American Force Press* [Imprensa das Forças Americanas] relatou sobre um soldado da Brigada de Infantaria que foi derrotado por pequenas armas de fogo, mas se levantou e continuou sua missão. Atingido novamente pelo ataque inimigo, o soldado de infantaria levantou-se pela segunda vez e continuou sua missão. "Ele ainda está vivo", disse a manchete do jornal, "Graças ao colete interceptor usado pelos soldados e pelos fuzileiros navais". Ele pesa 7 quilos, comparado aos 11 quilos do colete à prova de balas, a armadura anterior. Os engenheiros estão trabalhando para criar um colete mais leve e mais forte. "Nosso objetivo é criar um sistema de proteção que seja mais discreto, com menos volume e mais leve", disse um artífice. "Queremos que seja como uma segunda pele, para que o soldado mal perceba que está usando o colete, mas que também ofereça a proteção necessária em um ambiente de combate."

Quando Paulo diz que o soldado cristão bem vestido deve usar a couraça da justiça, ele quer dizer que a justiça de Cristo deve ser como uma segunda pele, que irá nos proteger dos ataques espirituais do nosso inimigo.

Em certo sentido, é claro, os cristãos já estão equipados com a justiça de Cristo. Chamamos isso de justiça *posicional*. De acordo com 1Coríntios 1:30, Cristo *tornou-se* nossa justiça, e quando confiamos nele como nosso Salvador, estamos revestidos dele. Então, quando Deus olha para nós, ele não nos vê com nossos pecados; ele nos vê revestidos da justiça de Cristo. Essa é nossa posição diante de Deus.

Mas devemos viver nossa justiça *prática*. Devemos nos comprometer com uma vida que é honesta, correta, autêntica e cheia de integridade. Quando encontramos pequenas formas de mentir, trapacear e esconder a verdade, entregamos a Satanás uma base em nosso coração. Nada desmoraliza e desanima tanto um soldado como estar envolvido em uma batalha, sabendo que há um problema de caráter e integridade em sua própria vida. Os pecadinhos que toleramos representam buracos perigosos em nosso colete à prova de balas. Você pode ter certeza de que, mais cedo ou mais tarde, Satanás vai mirar bem em um desses buracos.

Estamos em uma batalha e nosso inimigo está no ataque. Precisamos resisti-lo. Satanás não suporta os hinos de fé, então cante! Ele não pode vencer as orações dos justos, então ore! Não pode derrotar o Senhor Jesus Cristo, então invoque o poder do sangue de Jesus para vencer o pecado e a Satanás! Não pode atingir a verdade, então cite a Escritura! Não pode suprimir a alegria do Senhor, então se alegre! Não pode desviar a graça de Deus, então use o escudo da fé!

Devemos usar as armas que Deus nos deu. "Portanto, submetam-se a Deus. Resistam ao Diabo, e ele fugirá de vocês" (Tiago 4:7). "Aproximem-se de Deus, e ele se aproximará de vocês! [...]" (v. 8).

> "Pode ser que Satanás esteja planejando uma nova tentação para vos atacar; mas embora ele deseje peneirar-vos como o trigo, Cristo está orando por vós, para que vossa fé não desfaleça."
>
> Charles H. Spurgeon, em seu sermão *The Tenses* [Os Tempos].

Qual é a importância da justiça na batalha?

Não há poder na vida cristã se não for uma vida de justiça. Além da justiça que temos em Cristo, não temos defesa contra as acusações de Satanás. E todas as vezes que tentamos pelejar contra o Inimigo, ele vai direto para nossas fraquezas, trazendo à memória o pecado em nossa vida e até mesmo fazendo-nos duvidar da nossa salvação. Não seremos uma testemunha eficaz se pensarmos: "Como posso dizer-lhes o que Cristo fez por mim quando minha vida não é nem um pouco diferente da deles?" Nem seremos vitoriosos sobre a tentação. Sem a justiça, somos impotentes para resistir às táticas de Satanás.

Mas o cristão que está vestindo a couraça da justiça enfrentará a vida e, aconteça o que acontecer, encontrará a vitória em todas as situações. Em tempos de estresse, alegria, tristeza, em abundância, em necessidade, haverá uma qualidade persistente e piedosa sobre a vida dele ou dela. É o que acontece quando se tem a justiça de Cristo em você, e quando se está vivendo claramente a justiça de Cristo.

O que é santificação?

A palavra "santificação" significa "ser separado para um propósito específico". É outra maneira de olhar para nossa jornada com Cristo, e ela acontece em três etapas — três dimensões dramáticas.

A *santificação passada* aconteceu no momento em que você disse "sim" a Cristo ao aceitá-lo na cruz como pagamento pelos seus pecados. Quando Deus perdoou seus pecados, e você foi lavado no sangue de Cristo, Deus declarou que seu débito foi pago totalmente. Ele reservou um lugar para você nos lugares celestiais, na eternidade, e o Espírito Santo entrou em seu coração. E essa é só a parte passada!

A *santificação presente* é um processo de crescimento contínuo que, de molécula espiritual a molécula espiritual, somos moldados à imagem de Cristo pela obra redentora do Espírito Santo. Por meio da oração e do estudo da Palavra, tornamo-nos vitoriosos sobre as questões em nossa vida enquanto nos tornamos mais como Cristo. Aprendemos a tomar decisões que o honram e tornamos mais fácil a obra transformadora do Espírito em nossa vida.

Depois, a mais emocionante de todas, existe a *santificação futura*. Haverá um dia em que estaremos finalmente livres da presença do pecado. Como não pode existir pecado no céu, nenhuma impureza na santa presença de Deus, o pecado será finalmente eliminado. Mal posso imaginar como isso será maravilhoso. A melhor definição de santificação que ouvi até hoje é esta: "Tornar-se na prática o que já está posicionado." E o que são os cristãos "posicionados"? Somos revestidos da justiça de Cristo. A santificação é um processo de crescer em santidade – vivendo todos os dias na luz de quem somos em Cristo.

Essa é a santificação tripla. Ela teve início quando cremos em Cristo e o castigo pelos nossos pecados foi removido por sua morte substitutiva. Nossa santificação continua à medida que caminhamos com o Senhor e aprendemos mais e mais como ser vitoriosos sobre as tentações e provações. E nossa santificação será completa quando Jesus unir-nos a ele no futuro, quando o pecado for destruído e julgado, e quando a vida eterna começar para nós. Paulo diz: "Façam isso, compreendendo o tempo em que vivemos. Chegou a hora de vocês despertarem do sono, porque agora a nossa salvação está mais próxima do que quando cremos" (Romanos 13:11).

"No caminho da justiça está a vida; essa é a vereda que nos preserva da morte" (Provérbios 12:28).

Como posso ser perseverante na justiça?

A Bíblia ensina que temos de cultivar a justiça em nossa vida até que ela se torne parte de quem somos. Ao longo dos anos muitos cristãos disseram-me ter ficado desanimados porque erraram. A vida cristã deles é como um ioiô, cheio de altos e baixos e reviravoltas.

A questão então é: "Como posso ser justo? Como posso tentar com mais afinco?" Ao que tudo indica, o apóstolo Paulo tentou essa estratégia. Ele decidiu tentar mais, mas fracassou quando tentou ser justo por sua própria força (Romanos 7:15,19). Alguém talvez diga: "Bem, então, eu devo desistir de Deus." Mas como isso funciona? Como podemos nos tornar mais justos simplesmente esperando de modo passivo que isso aconteça conosco?

A resposta não está em nenhuma dessas estratégias. Em vez de tentar viver melhor, precisamos aprender a amar melhor. Precisamos nos apaixonar mais profundamente por Deus porque esse relacionamento ditará nossa conduta. Quando aprendemos como amar o Senhor por meio de sua Palavra, oração, comunhão e adoração... quando praticamos a arte da santidade... quando tiramos tempo para sermos santos e amarmos a Deus de todo nosso coração... isso mudará nossa vida.

Como posso saber que meu coração é justo?

A Bíblia relata: "Pois onde estiver o seu tesouro, aí também estará o seu coração" (Mateus 6:21). Isso significa que nosso coração dita nosso estilo de vida e define nossa prioridade. Dito de forma simples, nosso "tesouro" indica o que é importante para nós.

Às vezes, as pessoas perguntam, "É certo fazer isto? Posso sobreviver fazendo aquilo"? Mas quando temos pensamentos como esses, estamos geralmente perguntando: "O quanto posso me envolver com as coisas deste mundo sem ficar encrencado com Deus?" E quando fazemos isso, estamos abrindo mão do nosso poder de ficarmos firmes nas batalhas espirituais (por causa da nossa separação de Deus). Afinal de contas, quando se ama mesmo alguém, você não tenta viver longe daquela pessoa o quanto puder. Faz todo o possível para viver o mais perto que puder. Essa é a natureza do amor.

Algumas igrejas adotam a ideia de que, quando se torna um cristão, você "abre mão" das coisas do mundo. Mas tenha certeza, quando se busca a justiça de Cristo, as coisas que você aprecia, seu "tesouro", todos inevitavelmente irão mudar. As coisas que uma vez você desejou não o atrairão mais; elas até irão fazê-lo sentir-se desconfortável. Quando você se afastar das seduções deste mundo, não sentirá falta delas, porque Deus as substitui com algo muito melhor.

Os calçados do evangelho da paz

"Assim, mantenham-se firmes, cingindo-se com o cinto da verdade, vestindo a couraça da justiça e tendo os pés calçados com a prontidão do evangelho da paz." (Efésios 6:14-15)

Qual proteção os calçados do evangelho da paz fornecem?

Os soldados romanos vestiam sapatos especiais para a guerra: sandálias pregadas com solas grossas e tiras de couro largas. As sandálias concediam melhor tração durante a batalha e davam aos soldados uma base que protegia seus pés das lesões e armadilhas colocadas pelo Inimigo.

Então, por que Paulo diz que os cristãos deveriam calçar os pés com o evangelho da paz? Como soldados de Cristo, também devemos ter uma base sólida para a guerra — "a prontidão do evangelho da paz". A palavra "prontidão" vem do grego, que significa "disponibilidade", ou "firmeza". Devemos permanecer firmes e confiar que aquele que nos chamou para a batalha sempre estará trabalhando para o nosso bem. Se gastarmos nosso tempo preocupando-nos e afligindo-nos ou duvidando do cuidado de Deus e preocupação para conosco, seremos improdutivos no campo de batalha (Mateus 6:26-27). O evangelho da paz equilibra nosso coração porque sabemos que Deus está do nosso lado! Ele está operando para o nosso bem! E a paz estabelecida que só ele pode dar é a nossa base para a batalha.

Como eu me armo com os calçados do evangelho da paz?

Os cristãos não estão em uma batalha contra as pessoas, mas contra o mundo dos poderes diabólicos, então é importante estar equipado com a paz interior gerada pelo evangelho de Cristo. Paulo diz em Efésios 2:14 que Cristo é nossa paz: Jesus vem até nós em meio a batalha, quando a luta contra a tentação ou os desânimos da vida parecem ser impossíveis, e ele fala palavras de paz para nós. Ele dá o ânimo que mantém nosso incentivo em alta. Essa é a base na qual devemos lutar — calçar os pés para o evangelho da paz.

Como podemos ministrar aos outros neste mundo de desgraça e batalha se nosso próprio coração está tão angustiado que parece não sermos diferentes dos outros? É como ir para a batalha descalço, contorcendo o rosto de dor enquanto as pedras da ansiedade pressionam seus pés macios. Assim como as botas certas protegem as solas dos pés, a paz do evangelho protege nossa alma. As Boas-novas de Cristo trazem tranquilidade para nossa vida. Elas colocam um couro espesso entre nós e as pedras pontiagudas do medo e dúvida.

A Bíblia relata constantemente, "Não se perturbe o coração de vocês [...] Não andem ansiosos por coisa alguma... Não tema [...]". Você irá para sua batalha diária calçado com a paz divina?

Um método ótimo para se apropriar dessa paz em sua vida é a memorização da Escritura. Afinal de contas, a Escritura é a Palavra da paz. Então, quando se tem a Palavra de Deus em sua vida, encontrará ajuda para lidar com os problemas inevitáveis e estresses da vida.

"Tu, Senhor, guardarás em perfeita paz aquele cujo propósito está firme, porque em ti confia" (Isaías 16:3).

À medida que crescemos em Cristo, crescemos em nossa habilidade de sentir a paz de Deus.

O que significa deixar que a paz de Deus "seja o juiz" em meu coração?

Colossenses 3:15 relata: "Que a paz de Cristo seja o juiz em [*nosso*] coração [...]" (grifo do autor). Na linguagem do Novo Testamento, a palavra *juiz* significa "árbitro". Ou seja, deixe que a paz de Deus julgue seu coração.

Quando você tem uma decisão a tomar e está caminhando com o Senhor, uma das maneiras de testar sua decisão é se o Senhor dá ou não a paz acerca da decisão. Já ouvi alguém dizer: "Sabe, gostaria de fazer tal coisa, mas não tenho paz quanto a isso." Acredito que Deus usa o critério da paz em nosso coração para direcionar ou confirmar nossa decisão. É assim que ele é o juiz em nosso coração.

Quando calçar os pés com o evangelho da paz, avalie sua vida pelo juiz da paz e deixe que a presença dele faça a diferença em sua vida.

> "E a paz de Deus, que excede todo o entendimento, guardará o coração e a mente de vocês em Cristo Jesus" (Filipenses 4:7).

"Deixo-lhes a paz; a minha paz lhes dou. Não a dou como o mundo a dá. Não se perturbe o seu coração, nem tenham medo" (João 14:27).

O escudo da fé

"Além disso, usem o escudo da fé, com o qual vocês poderão apagar todas as setas inflamadas do Maligno." (Efésios 6:16)

Que proteção o escudo da fé fornece?

Os escudos de batalhas romanos tinham aproximadamente 1,21 metro de altura, 60 centímetros de comprimento e eram cobertos com couro espesso e metal que podiam desviar as setas lançadas. Aquelas setas eram geralmente revestidas de couro, mergulhadas em resina e acesas no fogo. O escudo protegia os soldados desses dardos voadores e inflamados.

Para o cristão, o escudo para a batalha é a fé. Na verdade, a fé é a chave da armadura espiritual toda. E Deus deu a fé para desviarmos os dardos inflamados de Satanás — dardos que têm só um propósito, que é gerar dúvida, aflição de espírito, depressão e decepção nos relacionamentos, no trabalho e consigo mesmo. O escudo da nossa fé em Cristo é nossa defesa (veja Salmos 18:30; Provérbios 30:5; 1João 5:4). E a Escritura promete que esse escudo é suficiente para afastar até mesmo o melhor tiro do Inimigo. Sem essa defesa, porém, estamos muito vulneráveis: Satanás sabe onde as soldaduras e fendas estão entre nossas partes da armadura, e é para elas que ele aponta. Se não estivermos nos protegendo com o escudo da fé, Satanás pode nos destruir. Então, como a Bíblia relata, "Acima de tudo, não se esqueça do escudo!" Isso é uma prioridade.

O escudo da fé foi definitivamente uma prioridade para o reverendo J. O. Fraser, um missionário para o povo birmanês, que trabalhou na fronteira da China/Birmânia por vários anos, sem sucesso aparente. Muitos homens teriam desistido. Quando ficava desanimado, Fraser simplesmente orava e confiava — e continuava trabalhando.

Aqui está o que ele escreveu em seu diário em 16 de janeiro de 1916: "Nenhuma pessoa sequer no culto matutino[...] As muralhas de Jericó caíram 'pela fé'. De todos os exemplos de fé em Hebreus 11, este chega mais perto do meu caso." Depois, no dia 5 de fevereiro, após um dia combatendo os dardos de desânimo do Diabo, ele escreveu: "Não vou jogar com as peças pretas [do xadrez], com a visão desanimada que tive ontem. A oposição não será vencida por raciocínio ou defesa, mas principalmente pela oração firme e persistente [...] Estou me opondo firme, como uma dura rocha: se a obra parece falhar, então ore; se os cultos fracassam, então ore mais ainda; se os meses passam com pouco ou nenhum resultado, então ore ainda mais e peça para os outros ajudá-lo."

Finalmente, o avivamento tão esperado veio como uma enxurrada, e até hoje, as áreas birmanesas estão entre as áreas cristãs mais firmes na China.

Por que Satanás não pôde derrotar Fraser? O missionário embraçou o escudo da fé. 1João 5:4 relata: "[...] e esta é a vitória que vence o mundo: a nossa fé."

> "Este é o Deus cujo caminho é perfeito; a palavra do Senhor é comprovadamente genuína. Ele é um escudo para todos os que nele se refugiam" (Salmos 18:30).

Como eu me armo com o escudo da fé?

Em Gálatas, Paulo escreveu: "Fui crucificado com Cristo. Assim, já não sou eu quem vive, mas Cristo vive em mim. A vida que agora vivo no corpo, vivo-a pela fé no filho de Deus, que me amou e se entregou por mim" (2:20). Perceba que Paulo não disse "A vida que agora vivo no corpo, vivo-a pela *minha* fé no filho de Deus." Não, não é nossa fé, é a fé que Deus nos dá. Até nossa fé é um dom de Deus, nossa fé em Jesus Cristo é nosso escudo e temos que "usar o escudo da fé" (Efésios 6:16).

É preciso tomar posse da fé antes de ela ser usada. A forma de tomarmos posse da fé em nossa vida é armando-nos com a verdade a respeito de Deus e de quem ele é, para que a todos os "dardos inflamados" que Satanás enviar em nosso caminho tenhamos uma resposta resistente, uma verdade relevante, ou um versículo aplicável para resisti-los. Precisamos tomar posse daquilo que Deus nos deu nas promessas valiosas de sua Palavra e extrair dela as verdades que irão nos ajudar a viver a vida cristã prática com vitória. Quando sabemos exatamente no que cremos, estamos de modo dinâmico fortalecendo nosso escudo da fé para que este seja impenetrável a qualquer ataque que Satanás enviar em nosso caminho.

O que são as "setas inflamadas do Maligno"?

Não é raro que Satanás, legitimamente conhecido como "o Maligno", tente nos destruir atacando-nos diretamente. Ele e seus demônios atacam atirando setas inflamadas no povo de Deus. Às vezes, Satanás persegue-nos com uma seta de desânimo; outras vezes, envia uma seta de desconfiança para duvidarmos de nossa própria fé. Satanás também envia setas de luxúria, mentiras, rumores, fofoca, ciúmes, cobiça e tentações de todos os tipos. O Diabo tem uma aljava cheia de setas, e ele envia exatamente as mais apropriadas em nosso caminho quando menos esperamos. Satanás quer arruinar nosso testemunho e destruir nossa vida. Mas quando nos armamos com o escudo da fé, somos capazes de apagar todas as setas que Satanás envia em nosso caminho.

Como posso unir forças com outros cristãos?

Nos dias de Paulo, os soldados romanos uniriam seus escudos e se agachariam atrás deles como defesa contra uma chuva de setas inimigas. Então, quando eles avançavam, os soldados usavam os escudos unidos como uma muralha defensiva.

O autor Stu Weber escreve: "Você pode ver o ponto fundamental aqui? Este é o escudo da fé, cujo formato é entrelaçado ao soldado ao seu lado. Este é o escudo da fé usado em comunidade, a comunidade da fé."[16] O entrelaçamento dos escudos é um retrato do povo de Deus frequentando junto a igreja, em pequenos grupos, em grupos domésticos, para resistirem ao Inimigo e ajudarem uns aos outros. Temos de vigiar as costas um do outro para que todos estejamos mais bem protegidos e preparados para a chuva de setas do Inimigo.

"O que é nascido de Deus vence o mundo; e esta é a vitória que vence o mundo: a nossa fé" (1João 5:4).

O que posso fazer para fortalecer minha fé?

Para fortalecer a fé, devemos nos concentrar no objeto da nossa fé.

Nossa fé não é a fé em si mesma. E o valor dela está totalmente dependente de seu objeto. Nossa fé está no Senhor Deus e nas suas promessas. O autor do livro de Hebreus relata que temos de manter os olhos fitos "[...] em Jesus, autor e consumador da nossa fé" (Hebreus 12:2). Devemos manter nossos olhos em Cristo, e não devemos ser preguiçosos. Devemos exercitar e praticar sistematicamente uma fé ativa.

Deus deu tudo de que precisamos para vivermos uma vida que o honra: todo o currículo e todas as notas. E praticamos ao pegarmos o que sabemos da Palavra de Deus e colocamos em prática. Passo a passo, formamos uma vida de obediência à Palavra de Deus. É isso que nos faz fortes e nos capacita a

ficarmos firmes contra os enganos do Inimigo.
 Tome o escudo da fé!

O capacete da salvação

"Usem o capacete da salvação." (Efésios 6:17)

Que proteção o capacete da salvação fornece?

O capacete do soldado romano era, obviamente, projetado para proteger a cabeça dele, então é fácil ver o paralelo entre aquele capacete e o capacete da salvação, que protege a mente do cristão dos ataques de Satanás. O capacete da salvação é mais do que simplesmente saber que você é um cristão. É claro, isso é importante, mas ele vai muito além do simples momento da salvação. Ele abrange toda a dimensão da salvação — passado, presente e futuro.

O Inimigo está constantemente tentando esgotar nossas defesas e corromper nossas mentes com tentação, racionalização e falsas doutrinas — tudo para confundir nossa ideia sobre Deus e seus propósitos para nossa vida. Nossa única defesa é termos o benefício de uma mente que viveu e venceu este mundo — e esta é a mente de Cristo. Quando usamos o capacete da salvação, usamos a mente de Cristo e a sabedoria de Deus. Cristo quer nos capacitar com seus planos, pensamentos, conceitos, sua verdade e revelação.

Com ele, podemos ficar firmes contra os ataques furiosos de Satanás.

Um tema central no Novo Testamento é que a batalha espiritual não é combatida como uma guerra terrena "de acordo com a carne". Ao contrário, "Pois, embora vivamos como homens, não lutamos segundo os padrões humanos. As armas com as quais lutamos não são humanas; ao contrário, são poderosas em Deus para destruir fortalezas. Destruímos argumentos e toda pretensão que se levanta contra o conhecimento de Deus, e *levamos cativo todo pensamento, para torná-lo obediente a Cristo*" (2Coríntios 10:3-5). Pedro expressou uma ideia semelhante: "[...] Estejam sempre preparados para responder a qualquer pessoa que lhes pedir a razão da esperança que há em vocês" (1Pedro 3:15). Uma defesa é uma resposta bem fundamentada e isso significa usar a mente para afastar mentiras sobre Deus e a fé nele.

A mente deve estar ocupada se quisermos resistir aos ataques de Satanás além de promovermos e defendermos a fé. O campo de batalha principal para a batalha espiritual é sempre o campo de batalha da mente, onde os pensamentos lutam entre si. É por isso que devemos preencher nossas mentes com as defesas bíblicas da fé.

Como eu me armo com o capacete da salvação?

Creio que a mente é o campo de batalha mais ferozmente contestado em todas as batalhas espirituais. Temos de guardar nossas mentes todos os momentos para garantir que Satanás não entre de mansinho e coloque sementes de pensamentos carnais e pecaminosos. E, para fazer isso, a Bíblia relata que precisamos do capacete de Deus e de sua sabedoria.

Então, como temos a sabedoria de Deus? Paulo descreve em 1Coríntios 1:24 que Jesus Cristo tornou-se para nós "[...] o poder de Deus e a sabedoria de Deus". Quando "vestimos" Jesus Cristo, ele se torna a sabedoria de Deus para nós. Logo, o capacete da salvação é a sabedoria de Deus revelada em Cristo. Essa sabedoria está disponível para todos os cristãos por meio da oração e da leitura da Palavra de Deus (Tiago 1:5; 2Timóteo 3:15).

> "Se algum de vocês tem falta de sabedoria, peça-a a Deus, que a todos dá livremente, de boa vontade; e lhe será concedida" (Tiago 1:5).

O que é a sabedoria?

Alguns cristãos estão agindo com erudição em vez de sabedoria. Esses indivíduos sabem muitos fatos sobre o cristianismo, mas são desprovidos da sabedoria de Deus. A melhor definição de sabedoria que encontrei é do especialista em Antigo Testamento Tremper Longman. Ele escreveu:

> A sabedoria é a arte de viver. É um conhecimento prático que ajuda a pessoa a saber como agir e falar em diferentes situações. Ela exige a habilidade de evitar problemas e a competência de lidar com eles quando surgem. A sabedoria inclui o dom de interpretar a fala e escrita de outra pessoa para reagir corretamente ao que eles estão dizendo para nós.[17]

Uma simples definição de sabedoria é esta: "fazer a coisa certa sem um precedente". O cristão que pode reagir a uma situação inesperada da mesma forma que Cristo reagiria é alguém que possui a sabedoria bíblica e tem a mente de Cristo.

"Pois a sabedoria entrará em seu coração, e o conhecimento será agradável à sua alma. O bom senso o guardará, e o discernimento o protegerá." (Provérbios 2:10-11)

"Como é feliz o homem que acha a sabedoria, o homem que obtém entendimento." (Provérbios 3:13)

"É mais preciosa do que rubis; nada do que você possa desejar se compara a ela. Na mão direita, a sabedoria lhe garante vida longa; na mão esquerda, riquezas e honra. Os caminhos da sabedoria são caminhos agradáveis, e todas as suas veredas são paz. A sabedoria é árvore que dá vida a quem a abraça; quem a ela se apega será abençoado." (Provérbios 3:15-18)

"Pois a sabedoria é mais preciosa do que rubis; nada do que vocês possam desejar compara-se a ela." (Provérbios 8:11)

De que maneiras o capacete da salvação prepara-me para o ministério?

Quando se trata da batalha espiritual, os capacetes não são opcionais. Na verdade, o capacete da salvação é um pré-requisito para qualquer tipo de ministério porque sem o nosso capacete — sem a sabedoria de Deus — vamos tomar muitas decisões erradas.

Em Atos 6:3 lemos sobre a seleção que a igreja primitiva fez dos primeiros diáconos. Os discípulos deram essas instruções para os cristãos: "Irmãos, escolham entre vocês sete homens de bom testemunho, cheios do Espírito e de sabedoria. Passaremos a eles essa tarefa." Ou seja, procurem homens que estão vestindo seus capacetes da salvação, que caminhem na sabedoria de Deus.

Em uma de suas cartas, Paulo lembra o jovem Timóteo da fonte de sua sabedoria: "Porque desde criança você conhece as Sagradas Letras, que são capazes de torná-lo sábio para a salvação mediante a fé em Cristo Jesus" (2Timóteo 3:15).

Sabe por que Timóteo estava preparado para ser um servo de Deus? Sua avó e sua mãe o haviam ensinado a Escritura. Timóteo estava vestindo seu capacete; ele conhecia a Sagrada Escritura que era capaz de torná-lo apto "sábio para a salvação". O conhecimento da Palavra de Deus é necessário para fazer a obra dele.

Qual é minha esperança em meio ao combate?

O capacete da salvação é a promessa da esperança. Como 1Tessalonicenses 5:8 relata, "Nós, porém, que somos do dia, sejamos sóbrios, vestindo a couraça da fé e do amor e o capacete da esperança da salvação".

Então, o que é nossa esperança? É a esperança que Cristo finalmente liquidará essa luta e que, um dia, ele voltará e fará todas as coisas novas. Estamos lutando em uma guerra que, em essência, já vencemos. Então, embora a batalha contra Satanás se enfureça, não temos de temer a derrota. Sabemos que a vitória sobre o pecado é nossa em Cristo. Então, vestimos o capacete da salvação — o conhecimento do que Jesus fez —, que é a nossa esperança em Cristo.

Em 1Tessaloniceses 5:8, Paulo aperfeiçoa o conceito do "capacete da salvação". Ali, ele diz que os cristãos devem vestir "[...] o capacete da esperança da salvação". Mas, na Escritura, a salvação não é a esperança como o mundo entende. Não estamos só pedindo para Jesus retornar em vitória; nossa esperança é incondicional e confiante. A esperança cristã é uma convicção.

Como posso me defender em um mundo hostil aos cristãos?

Este mundo é realmente hostil às coisas de Deus. E existe um conflito incorporado quando um cristão vive neste mundo. Mateus 10:18-20 é uma passagem importante nesse aspecto.

> Por minha causa vocês serão levados à presença de governadores e reis como testemunhas a eles e aos gentios. Mas quando os prenderem, não se preocupem quanto ao que dizer, ou como dizê-lo. Naquela hora lhes será dado o que dizer, pois não serão vocês que estarão falando, mas o Espírito do Pai de vocês falará por intermédio de vocês.

Essa passagem não é uma licença para evitar o estudo bíblico e só abrir sua boca e esperar que Deus fale por meio de você. Ao contrário, Deus promete aqui que quando for chamado para defender sua fé, ele trará à sua mente as palavras necessárias, palavras do depósito da verdade que você já se comprometeu a lembrar em seus estudos. Pense nos apóstolos. Eles falavam muito além de suas próprias habilidades naturais — sua sabedoria e poder sempre confundiam seus inimigos.

Como cristãos, veremo-nos na defensiva neste mundo, então devemos estar preparados para falarmos de Cristo com sabedoria e poder. Devemos estar preparados para dar uma resposta pela esperança que há em nós (1Pedro 3:15). E isso somente acontecerá se alimentarmos nossa mente com a verdade de Deus, se meditarmos na sua Palavra e se vestirmos o capacete da salvação.

Como posso destruir as fortalezas de Satanás em meu coração e em minha mente?

Nos tempos antigos, um baluarte era uma fortaleza, um lugar onde as pessoas podiam encontrar proteção. Lemos que "O Senhor é bom, um refúgio em tempos de angústia. Ele protege os que nele confiam" (Naum 1:7). No entanto, um baluarte também pode ser algo ruim. Na batalha espiritual, um baluarte na vida de um cristão é um lugar onde o Inimigo está entrincheirado — um padrão estabelecido, hábito, ou modo de pensar que ainda não pertence a Deus. Na vida de cada um de nós, Satanás procurará encontrar alguma área de fraqueza em que possa entrincheirar-se e gerar destruição. Mas 2Coríntios 10:4 relata que podemos usar a armadura de Deus para destruir tais fortalezas em nossa vida.

À medida que lemos a Escritura e nos equipamos com a mente de Cristo, com o capacete da salvação, Deus nos revela aqueles aspectos em nossa vida que ainda não foram entregues a ele. E quer seja ganância, orgulho, ira, vício — qualquer que seja a fortaleza — Deus irá nos mostrar, na sabedoria de Cristo, como destruí-la ao renovar nossa mente de acordo com sua Palavra (Romanos 12:2).

O que significa "renovar sua mente"?

Sua mente é o alvo de Satanás. A Bíblia não poderia ser mais clara quanto a isso: "O que receio, e quero evitar, é que assim como a serpente enganou Eva com astúcia, a mente de vocês seja corrompida e se desvie da sua sincera e pura devoção a Cristo" (2Coríntios 11:3). Satanás brinca com jogos mentais com os cristãos usando sua astúcia. Então, devemos renovar nossa mente diariamente, "[...] e levarmos cativo todo pensamento, para torná-lo obediente a Cristo" (2Coríntios 10:5). Isso significa que devemos constantemente reprogramar nossa mente e espírito com a verdade bíblica e ter os pensamentos voltados para Deus. Não se abra para as ideias que podem corrompê-lo.

Ainda que jamais alcancemos a perfeição nesta terra, podemos nos determinar, pela graça de Deus, a refazer a "dieta mental", para que as coisas de Deus disponíveis para nós sejam a porção principal do que pensamos e meditamos. Ouça louvores que tenham letras que deem ânimo e incentivo. Tenha diálogos centrados em Deus. Leia livros que reflitam a moral de Cristo. Renove sua mente.

A espada do Espírito

"Usem [...] a espada do Espírito, que é a palavra de Deus." (Efésios 6:17)

Que proteção a espada do Espírito fornece?

Dentro da armadura de Deus temos apenas uma arma ofensiva para usar na batalha contra o Maligno — é "[...] a espada do Espírito, que é a palavra de Deus" (Efésios 6:17). Quando Paulo escreveu aos efésios, ele usou a palavra grega *machaira* para *espada*. Ele não estava falando daquilo que pensamos ser uma espada hoje; ele estava falando de uma adaga, uma arma para ser usada no combate corpo a corpo. Então, essa metáfora significa que a espada do Espírito é um instrumento de precisão orientado.[18] Especificamente, a Palavra de Deus referida nessa passagem não é a Bíblia inteira (o *logos*), mas uma parte particular da Palavra, uma promessa (uma *rhema*) para se aplicar a uma situação de batalha em especial.

Ou seja, a Bíblia é um arsenal na qual as espadas individuais do Espírito são mantidas até que você precise delas para um combate corpo a corpo com o Inimigo. Mas, ao contrário de uma espada material que você usaria para dilacerar o corpo, a espada espiritual dilacera o coração. A espada material fica mais embotada à medida que é usada, enquanto a espada espiritual fica mais afiada todas as vezes que você a usa. E essas espadas espirituais são encontradas de capa a capa na Bíblia.

Em Mateus 4, quando Jesus foi atacado pelo tentador, ele confrontou Satanás com duas simples palavras: "Está escrito[...]" E depois Jesus citava passagens de Deuteronômio. Não é interessante que até o Senhor Jesus, o Filho de Deus, usou a Escritura para derrotar Satanás? Anos atrás, meu amigo Swen Nater e eu nos reunimos em um restaurante. Conversamos sobre as áreas em que achávamos que o Inimigo iria nos perseguir, pegamos uma concordância bíblica e pesquisamos a Escritura. Propomos cerca de quarenta "espadas" para cada um de nós, as quais guardamos no arsenal da nossa mente. Sugiro que você faça o mesmo. Reflita sobre as áreas nas quais sabe que Satanás irá tentá-lo, escreva-as em papeizinhos, e os coloque em lugares em que sempre irá encontrá-los. Memorize-os. Internalize-os. Decore-os — e esteja pronto para usá-los quando o Inimigo atacar. Satanás não pode fazer muita coisa com as pessoas que o atacam com a Escritura.

Como eu posso me armar com a espada do Espírito?

A Bíblia é um arsenal cheio de espadas do Espírito, porém, muitos cristãos visitam o "novo arsenal" mais do que o "antigo arsenal". Você pode pensar que não há muitas espadas em Levítico, Números ou Deuteronômio que podem ajudar nas batalhas de hoje. Mas não se esqueça, quando Jesus foi tentado por Satanás no deserto, todas as suas três espadas foram retiradas de Deuteronômio (Mateus 4:1-11).

Se não adquirirmos o hábito de ler e meditar na Bíblia inteira, vamos perder muitas espadas boas para usar contra o Inimigo. Quando lemos, estudamos e meditamos na Palavra de Deus em sua totalidade, temos acesso a nossa escolha de espadas sempre que precisarmos de uma. Mas temos de conhecer o estoque. Ou seja, como cristãos, precisamos memorizar a Palavra de Deus porque a maioria das tentações que enfrentamos na vida não surge quando temos uma Bíblia em mãos. Porém, ao memorizarmos a Escritura, seremos capazes de acessar nosso banco de dados e usar a espada correta para vencer o Inimigo.

Hebreus 4:12 apresenta uma representação gráfica do poder da Palavra de Deus como uma espada. As antigas espadas de dois gumes eram valiosas, porque cortavam dos dois lados, no movimento descendente e no contragolpe. O gume de suas pontas e as lâminas garantiam uma penetração profunda em um confronto corpo a corpo com o inimigo, até a medula, a parte mais interna do osso humano. Da mesma forma, a Palavra de Deus é eficaz em todos os sentidos. Em vez de separar juntas e medulas, essa espada vai até o ponto de dividir alma e espírito. Mas, como a espada de um soldado, a Palavra de Deus é ativada somente quando é empunhada e usada.

Como posso, de modo eficaz, empunhar a espada do Espírito?

Em Mateus 4:1-11 temos um exemplo de como Cristo usou as três espadas do Espírito, três versículos em especial, para vencer as três tentações que Satanás apresentou no deserto.

TENTAÇÃO 1: Satanás primeiro tentou Jesus para transformar pedras em pão para satisfazer sua fome. Lembre-se de que Jesus estava jejuando por quarenta dias. Mas Jesus nunca agiu independente do Pai, nem jamais fez um milagre para servir a si mesmo. Pelo contrário, ele empunhou a espada do Espírito, Deuteronômio 8:3, e disse ao Inimigo: "[...] Está escrito: 'Nem só de pão viverá o homem, mas de toda palavra que procede da boca de Deus'" (Mateus 4:4).

TENTAÇÃO 2: Depois, Satanás tentou Jesus para provar que ele era o Filho de Deus. Em vez disso, Jesus puxou outra espada, Deuteronômio 6:16, e disse: "[...] Também está escrito: 'Não ponha à prova o Senhor, o seu Deus'" (Mateus 4:7).

TENTAÇÃO 3: Satanás disse a Jesus que ele lhe daria os reinos do mundo se ele se prostrasse e o adorasse. Mas Jesus puxou uma espada final, Deuteronômio 6:13, e disse: "[...] Retire-se, Satanás! Pois está escrito: 'Adore o Senhor, o seu Deus, e só a ele preste culto'" (Mateus 4:10).

Jesus resistiu ao Diabo com a Palavra de Deus, e "Então o Diabo o deixou" (v. 11). E podemos usar a espada do Espírito assim como Jesus usou! Tudo o que temos que fazer é ir até nosso arsenal e puxar a espada certa. *Está escrito!*

> "Portanto, submetam-se a Deus. Resistam ao Diabo, e ele fugirá de vocês" (Tiago 4:7).

Como a espada do Espírito transforma vidas?

O autor e pregador Haddon Robinson uma vez escreveu que "Deus fala por meio da Bíblia. Por intermédio da pregação da Escritura, Deus encontra homens e mulheres para trazê-los à salvação e à riqueza e à maturidade no caráter cristão".[19] Se estamos lendo nossa Bíblia, sentados na igreja, ou ouvindo uma programação de rádio cristã, a espada do Espírito pode mudar-nos em um instante. Esse é o poder da Palavra de Deus! Ela é viva e poderosa, afiada o bastante para nos capacitar a separar a verdade do engano e discernir as realidades divinas das mentiras terrenas (Hebreus 4:12).

É por isso que fico empolgado todas as vezes que prego a Palavra de Deus. Quando estou no púlpito, estou arremessando espadas da Bíblia. E sei que Deus pode usar essas espadas, os versículos especiais ou as promessas da Bíblia, para transformar vidas.

"Pois a palavra de Deus é viva e eficaz, e mais afiada que qualquer espada de dois gumes; ela penetra até o ponto de dividir alma e espírito, juntas e medulas, e julga os pensamentos e intenções do coração" (Hebreus 4:12).

A armadura de Deus

"Finalmente, fortaleçam-se no Senhor e no seu forte poder. Vistam toda a armadura de Deus, para poderem ficar firmes contra as ciladas do Diabo." (Efésios 6:10-11)

Estou sempre equipado com a armadura de Deus?

A armadura espiritual é somente útil se a vestirmos! Se somos derrotados na guerra, se somos feridos em um lugar desprotegido porque estamos sem a armadura, não é culpa do nosso Comandante Supremo. Deus deu tudo o que precisamos para batalharmos com coragem e vitoriosamente em um manual — a Bíblia. E a Bíblia não relata, "Espere Deus vesti-la em você", mas "Vistam-se". É responsabilidade pessoal do cristão tomar posse da armadura de Deus em sua própria vida. Essa guerra não é algo que lutamos em grupo; todos os cristãos estão envolvidos em uma batalha pessoal com Satanás. Se não estivermos implementando individualmente e pessoalmente a armadura de Deus, seremos vítimas em vez de vencedores.

A armadura está pronta para a vestirmos — e precisamos vesti-la. Precisamos armar-nos continuamente para a guerra. Só então estaremos preparados para sairmos e vencermos as batalhas que, inevitavelmente, surgirão contra nós.

Por que preciso vestir toda a armadura de Deus?

Todas as seis peças da armadura espiritual são necessárias para todos os cristãos. Nenhuma parte da nossa vida pode ser deixada desprotegida ou exposta. Um pastor no Haiti contou a seguinte parábola para ilustrar ao seu povo o perigo fatal de ter qualquer parte do nosso ser espiritual exposta aos poderes destrutivos de Satanás:

> Certo homem quis vender sua casa por dois mil dólares. Outro homem quis muitíssimo comprá-la, mas, por ser pobre, não tinha condições de pagar o preço total. Após muita barganha, o dono concordou em vender a casa pela metade do preço inicial com apenas uma condição: ele seria o dono de um pequeno prego localizado acima da porta.
>
> Após vários anos, o primeiro dono quis de volta a casa, mas o novo dono não estava disposto

a vendê-la. Então primeiro, o dono [antigo] saiu, encontrou a carcaça de um cão morto e o pendurou no prego que ele ainda possuía. Logo, a casa tornou-se inabitável, e a família foi forçada a vender a casa ao dono do prego.[20]

O pastor haitiano disse à congregação: "Se deixarmos o Diabo com até um preguinho em nossa vida, ele voltará para pendurar seu lixo pobre nele, fazendo-a inapropriada para Cristo habitar."[21] Esse é o tipo de inimigo cruel que temos à nossa frente. Não lhe dê o menor espaço em sua vida. Não abra a porta do seu coração nem um pouquinho. Não racionalize ou invente desculpa para obedecer ao Senhor da sua vida. E quando as falhas e os passos em falso acontecerem — pois eles acontecerão — confesse-os imediatamente e seja purificado "de toda injustiça" (1João 1:9).

A única maneira de proteger-se da infiltração de Satanás é estar do lado daquele que é mais poderoso do que ele "[...] aquele que está em vocês é maior do que aquele que está no mundo" (1João 4:4).

"Ao contrário, revistam-se do Senhor Jesus Cristo, e não fiquem premeditando como satisfazer os desejos da carne" (Romanos 13:14).

Como eu me visto de Cristo?

Olhe novamente na armadura espiritual listada em Efésios 6:14-17. Você vê que a armadura não é nada menos do que o próprio Jesus Cristo? Na verdade, quando Paulo escreve aos Romanos, ele diz algo muito semelhante ao que encontramos em Efésios. Ele diz em Romanos 13:14, "[...] revistam-se do Senhor Jesus Cristo [...]". Resumindo, Paulo diz que temos de vestir Cristo assim como vestimos as roupas.

O pastor e autor Ray Stedman sugeriu esta abordagem:

> Quando acordo de manhã, visto minhas roupas, planejando que elas estejam em mim o dia todo, para me acompanhar aonde vou e fazer o que faço. Elas me cobrem e me fazem ficar apresentável para os outros. Este é o propósito das roupas. Da mesma forma, o apóstolo está dizendo, "Vista Jesus Cristo

quando você acordar de manhã. Faça-o parte da sua vida naquele dia. Planeje que ele vá contigo em qualquer lugar que você vá, e que ele aja por meio de você em tudo o que fizer. Apele por seus recursos. Viva sua vida *em Cristo*."[22]

A batalha da oração

>>>>>——<<<<<

"Orem no Espírito em todas as ocasiões, com toda oração e súplica; tendo isso em mente, estejam atentos e perseverem na oração por todos os santos." (Efésios 6:18)

Qual é o propósito da oração no arsenal de Deus?

Todos os soldados precisam de um bom dispositivo de comunicação como um rádio ou telefone via satélite. A mesma coisa vale na batalha espiritual. Paulo finalizou sua discussão sobre a armadura que Deus dá ao cristão dizendo, "Orem no Espírito em todas as ocasiões, com toda oração e súplica; tendo isso em mente, estejam atentos e perseverem na oração por todos os santos" (Efésios 6:18).

"Orando em todo tempo[...] com toda oração[...] com toda perseverança[...] por todos os santos." Ou seja, nossos rádios devem estar ligados. As pilhas devem estar sempre carregadas. Nossa vida de oração deve ser forte, perseverante e sincera. Muitas batalhas só podem ser vencidas sobre nossos joelhos. Talvez a batalha que está se estendendo em sua vida seja por causa de uma criança rebelde ou uma pessoa amada perdida. Ou talvez seja recuperar a unidade e a paz na sua igreja. Vencer um hábito ruim ou um vício. Talvez a batalha seja invadir um campo de missão resistente. A Bíblia diz que as orações do justo são "poderosas e eficazes" (Tiago 5:16).

Deus planeja que sejamos "mais que vencedores" (Romanos 8:37), mas não podemos nos envolver com êxito em uma batalha espiritual sem armas espirituais. Não podemos ser fortes em nós mesmos; temos de ser fortes no Senhor e na força do seu poder. E temos que estar vestidos para a batalha. A oração é a energia que capacita ao guerreiro vestir a armadura e empunhar a espada. Por mais talentoso que sejamos, se tentarmos lutar as batalhas espirituais na força da carne, jamais seremos vitoriosos.

"Eu pedi força para que pudesse alcançar sucesso;
Ele me fez fraco para que eu pudesse obedecê-lo.
Eu pedi saúde para que pudesse fazer grandes coisas;
Ele me deu graça para que eu pudesse fazer melhores coisas.
Eu pedi riquezas para que pudesse ser feliz;
Ele me deu pobreza para que eu pudesse ser sábio.
Eu pedi poder para que pudesse receber o elogio dos homens;
Ele me deu fraqueza para que eu pudesse sentir a necessidade de Deus.
Eu pedi todas as coisas para que eu pudesse desfrutar a vida;
Ele me deu vida para que pudesse desfrutar todas as coisas.
Não recebi nada do que pedi;
Ele me deu tudo que eu esperava."[23]

Devo mesmo orar "em todo tempo"? Isto é mesmo possível?

"Orando em todo tempo[...]" Essas palavras remetem a 1Tessalonicenses 5:17, que diz: "Orem continuamente." Isso não significa que devemos constantemente balbuciar palavras o dia todo; significa que, como soldados, devemos manter nossos emissores-receptores sempre ligados. Devemos manter a linha aberta para que possamos entrar em contato com o posto de comando no momento da notícia. Devemos estar em constante comunicação com nosso Comandante Supremo. A oração não é apenas algo que fazemos por poucos minutos de manhã ou à noite. Ao contrário, as pessoas de oração falam com Deus o dia e a noite toda assim que as necessidades e as ideias surgem.

Evidentemente, esse tipo de oração não está baseado na emoção. Não oramos quando nos sentimos determinadamente espirituais ou desejosos ou carentes. Ao contrário, vivemos no domínio da oração. É parte de viver um processo de viver uma vida "alerta [...] vigilante" (1Pedro 5:8). Por ser nosso adversário, o Diabo está constantemente nos rondando para nos devorar, por isso devemos estar constantemente em oração. Esteja em comunicação com Deus o tempo todo, em todas as circunstâncias e em todos os lugares como se ele estivesse bem ao seu lado... Porque ele está!

"Orando em todo tempo com toda súplica." De acordo com esse versículo, podemos — e somos chamados — orar em qualquer ocasião, lugar, situação e por qualquer súplica. Podemos oferecer todos os tipos de orações — louvores, petições, confissões, orações de aflição e orações de exaltação, orações longas ou curtas, orações individuais ou em grupo. Podemos orar em voz alta ou silenciosamente. Podemos escrever nossas orações e cantar nossas orações. Podemos fazer da oração uma aventura emocionante em vez de uma rotina chata.

"Orem todas as ocasiões, [...] com toda oração e súplica [...]." A palavra "súplica" significa "pedir a Deus o que precisamos". Tiago admoestou que não temos porque não pedimos (Tiago 4:2). É por isso que mantemos listas de orações e compartilhamos nossos pedidos de orações com os outros. Pedir é a prática do Reino, pois Deus tem os recursos para suprir todas as nossas necessidades.

No anônimo livrinho *The Kneeling Christian* [O cristão ajoelhado], lemos:

> A oração é a chave que destranca a porta da tesouraria. Não é o bastante dizer que todo o crescimento real na vida espiritual — toda vitória sobre a tentação, toda confiança e paz em face de dificuldades e perigos, todo descanso do espírito durante os momentos de grandes decepções e perdas, toda a comunhão natural com Deus — depende da prática das orações em secreto.[24]

Um dos primeiros livros sobre oração que já li foi *Ocupado demais para deixar de orar*, de Bill Hybels. O título intrigou-me, parecia sem sentido, uma contradição. No começo do capítulo 1, Hybels escreveu isto:

> A oração é um ato antinatural. Desde o nascimento aprendemos as regras da autoconfiança

enquanto nos esforçamos e lutamos para ganhar autossuficiência. A oração vai contra estes valores fortemente estabelecidos. É um atentado à autonomia humana, uma ofensa à independência do viver. Para quem vive apressado, determinado a vencer por si mesmo, orar é uma interrupção desagradável.[25]

Para o cristão, a oração e o conforto diários são recebidos por meio da oração — ela é a nossa conexão com nosso Comandante Supremo.

O que significa "vigiar" em oração?

As palavras de Paulo em Efésios 6:18 afirmam que a oração exige cuidado e diligência e que é uma dimensão extremamente importante da vida cristã. Tudo que "vigiamos" é de grande importância para nós. E, para os cristãos, a oração definitivamente entra nessa categoria.

Uma vida de oração não consiste somente em palavras que dizemos para Deus. Ela se inicia bem antes de começarmos a orar — com a atitude do nosso coração, da condição do nosso relacionamento com os outros e dos pensamentos que produzimos durante o dia. O estado da nossa vida de oração reflete o estado da nossa vida em geral. Não devemos permitir nada em nossa vida que nos faria inadequados para nos achegarmos diante do trono da graça de Deus (Hebreus 4:16). A vida de oração é uma vida de vigilância na qual cuidamos para evitar tudo que impediria nossa comunicação com Deus.

A raiz da palavra grega para "vigilante" significa "a ausência de sono depois de permanecer vigilante por alguma coisa — vigiando um animal quando caçar ou vigiando um inimigo". A palavra significa um alerta, um estado de espírito vigilante, uma exigência para alguém que está guardando algo, ao contrário de uma atitude calma e descontraída. Essa atitude de vigilância é a chave e é completamente consistente com a perspectiva necessária por qualquer pessoa comprometida na batalha espiritual.

Facilmente apercebemo-nos que nossa mente se distrai ou então ficamos sonolentos quando oramos. Descobri que posso orar de modo bem mais alerta e cuidadoso quando estou ao ar livre, talvez fazendo uma caminhada, do que quando estou orando de joelhos. Eu oro ajoelhado, mas posso combater melhor o sono "orando caminhando". Seja o que for que tenhamos de fazer para permanecermos alertas e vigilantes quando oramos — devemos fazê-lo. Deus quer a atenção do nosso coração e da nossa mente para que ele possa preencher-nos com sua força à medida que nos envolvemos na batalha espiritual.

Os guerreiros devem ser vigilantes em suas vidas de oração, não permitindo que nada a interrompa. Guerreiros, controlem seu tempo, planejem sua agenda, cultivem sua vida de oração e se protejam contra tudo que distrairá ou interferirá a oração. Descobri que ler um capítulo de um livro sobre oração a cada dia ajuda a preparar meu coração para a oração. É como fazer as coisas funcionarem.

Como Satanás tenta sabotar minha vida de oração?

A oração é um aspecto básico da batalha espiritual. Na verdade, é a força vital daqueles que procuram ser vitoriosos. E é por isso que Satanás gostaria nada menos do que nos afastar da oração, então ele nos envia distrações, desânimo, atrasos e decepções. Satanás é um mestre em decepção e desânimo.

Por exemplo, se você tem dois dias produtivos de oração vigilante, Satanás poderia deixá-lo acreditar que enfim dominou a disciplina da oração. Então, no terceiro dia, quando falha em ser vigilante na oração, ele dirá que você é um fracasso total, que estragou tudo completamente e que não adianta mais tentar. Se você perder um dia de oração frutífera, Satanás pode tentar convencê-lo de que você está sem ajuda ou esperança — que não precisa tentar novamente. Mas a boa notícia é que há um segredo para vencer o engano de Satanás. Tal como acontece com qualquer outra área da vida espiritual, se você falhar, a melhor coisa a fazer é recomeçar. Não é um fracasso permanente aprender a ser um fiel discípulo de Jesus. E se você tem um dia ruim em sua vida de oração, comece de novo! Não se entregue às táticas do Diabo que são planejadas especificamente para afastá-lo da oração.

O inimigo da nossa alma quer nos impedir de desenvolver um relacionamento que ele sabe que vai trazer alegria e satisfação para nós. Então, pela graça de Deus, precisamos nos comprometer a continuar orando. Só no processo da oração é que vamos encontrar o significado da vida: uma relação dinâmica, pessoal com o Criador, o Deus vivo, o Menino de Belém, o Salvador da cruz, o Vitorioso que ressuscitou no terceiro dia, o único que é a vida para nós.

Uma história bem conhecida de Billy Graham é sobre uma mulher que escreveu que tinha implorado em oração por dez anos pela conversão de seu marido, mas que ele estava mais endurecido do que nunca. O sr. Graham aconselhou-a a continuar orando. Um dia, ele recebeu outra carta. O marido tinha sido gloriosamente salvo. "Suponha que ela tivesse parado depois de apenas dez anos", disse o evangelista. Então, ele acrescentou: "Nunca pare de orar, por mais tenebroso e sem esperança que seu caso possa parecer."

A oração é um aspecto básico da
BATALHA ESPIRITUAL.
Na verdade, é a força vital daqueles que procuram ser vitoriosos.

O que significa ser um "guerreiro de oração"?

A oração é trabalho e requer uma batalha completa. A oração não é um passatempo ocioso ou um exercício opcional reservado para os cristãos "mais espirituais". A oração é uma atividade de trabalho árduo da igreja de Jesus Cristo. O tipo de oração que muda os corações... e transforma bairros... e reconstrói comunidades... e reaviva nações. É intensa, fervorosa e totalmente focada. Exige uma dedicação proativa da nossa parte em reservar o tempo, o esforço para ser firme e dar ânimo à nossa prática da oração. Colossenses 4:2 diz para "perseverarmos na oração". Isso é o que significa ser um guerreiro de oração. Um combate corpo a corpo feroz com as questões da vida diária, guerreada na força de Deus e por sua graça — é com isso que uma vida cristã comprometida com a oração se parece.

Eu aprendi que Satanás treme quando vê os menores filhos de Deus ajoelhados. O louvor dado a Deus faz com que o Inimigo fique extremamente desconfortável. Seja qual for o mal que o Diabo queira fazer, seu plano é bem mais difícil de realizar quando o povo de Deus está orando.

Como posso saber pelo que orar?

Não existe segredo para uma oração atendida, mas há uma orientação importante — devemos orar de acordo com a vontade de Deus. E como podemos saber pelo que orar? A resposta é... pelo Espírito Santo que habita em nós.

O mesmo Espírito Santo que inspirou a escrita da Palavra de Deus vive em todos os nascidos de novo em Cristo. O Espírito ajuda a moldar nossa oração para estar em concordância com a vontade e a Palavra de Deus (Romanos 8:26-27). À medida que preenchemos nossa mente e nosso coração com a Palavra de Deus, crescemos em nosso discernimento do que seja feita sua vontade. Assim como uma criança aprende quais coisas pedir ou não para seus pais, assim aprendemos como pedir de acordo com a vontade do nosso Pai. E quando uma situação é muito complexa ou estamos esgotados, quando estamos inseguros ou não conseguimos encontrar as palavras certas, o Espírito Santo se coloca do nosso lado para nos ajudar a orar. Recentemente, li estas palavras sobre oração escritas pelo pastor e autor Alan Redpath: "Antes de orarmos 'Venha o teu Reino', devemos estar dispostos a orar — 'Vá embora o meu reino'!"[26]

> "E aquele que sonda os corações conhece a intenção do Espírito, porque o Espírito intercede pelos santos de acordo com a vontade de Deus" (Romanos 8:27).

Existe um modelo para a oração?

Deus anseia que seu povo se comunique com ele, fale com ele da mesma forma que falaríamos com a pessoa mais preciosa da nossa vida. Deus não quer vãs repetições; ele quer uma comunicação verdadeira (Mateus 6:7). Jesus ensina a nos aproximarmos de Deus honestamente, abertamente e com sinceridade. Não existem palavras especiais que devamos usar antes de estamos autorizados a entrar na presença de Deus. No entanto, se devemos orar de modo eficaz, existem algumas ideias centrais para serem lembradas e é nelas que a oração do Senhor se resume.

A oração do Senhor (Mateus 6:9-13) é um modelo para seguirmos em nossa vida de oração. Se essa oração extraordinária penetrar no fundo do nosso coração e da nossa mente, onde ela se encaixa, mudará nossa vida. Ela não foi criada para nos fazer sentirmos culpados ou indignos, mas para mostrar o modo apropriado e mais eficaz de entrar na absoluta sala do trono do

Deus Todo-Poderoso. Por mais incrível que possa parecer, Deus está esperando nos ouvir. Ele quer que entremos com ousadia em sua presença. E esta oração mostra-nos o caminho.

> "Pai nosso, que estás nos céus, santificado seja o teu nome; venha o teu reino; faça-se a tua vontade, assim na terra como no céu; o pão nosso de cada dia dá-nos hoje; e perdoa-nos as nossas dívidas, assim como nós temos perdoado aos nossos devedores; e não nos deixes cair em tentação; mas livra-nos do mal [pois teu é o reino, o poder e a glória para sempre. Amém]!" (Mateus 6:9-13) [ARA]

Como posso desenvolver uma vida de oração eficaz?

Uma coisa é falar o que deve ser feito; porém, é bem mais útil demonstrar como fazê-lo. Mas a melhor maneira de aprender algo é praticando sozinho. A melhor maneira de aprender a orar como Jesus ensinou é começar a orar hoje — usando o modelo da oração que o Senhor nos ensinou em Mateus 6. A oração do Pai-nosso é indiscutivelmente a oração mais famosa no mundo. Talvez, contudo, devia ser chamada de forma mais exata como "A oração dos discípulos", já que a oração pede perdão dos pecados — e sabemos que Cristo jamais pecou. É a oração do Senhor porque Jesus ensinou-a, não porque ele orava por si mesmo.

Existem somente setenta palavras nesta oração, mas elas têm sido a base de sermões incontáveis, livros e até canções. O pastor Andrew Murray disse certa vez: "É uma forma de oração que se torna o modelo e a inspiração para todas as outras orações, mas sempre nos atrai de volta para ela como a expressão mais profunda de nossa alma perante Deus." A oração do Pai-nosso é perfeitamente equilibrada. Ela nos ensina olhar em primeiro lugar para Deus, depois para nós mesmos. Ela nos ensina a perdoar e a receber perdão. E a depender totalmente de Deus para tudo.

O Senhor não nos deu essa oração para que pudéssemos memorizá-la e repeti-la como um ritual irracional. Jesus deu essa oração como um esboço para seguirmos quando orarmos.

Vários anos atrás, eu organizei esta prece com base no exemplo de Jesus para usar na minha própria vida de oração e incluo este esboço para incentivá-lo a orar como nosso Senhor nos ensinou.

Aplicação Prática da Oração dos Discípulos

Mateus 6:5-15

Panorama

Antes de começar a jornada, decidi...
Não orar como os hipócritas: "Pois se comprazem em orar[...] Para serem vistos pelos homens" (Mateus 6:5).

Não orar como os gentios: "Que pensam que por muito falarem serão ouvidos" (Mateus 6:7).

Louvor

"Pai nosso, que estás nos céus, santificado seja o teu nome" (Mateus 6:9, ARC).

"Entrem por suas portas com ações de graças, e em seus átrios, com louvor; deem-lhe graças e bendigam o seu nome" (Salmos 100:4).

Santificarei o teu nome ao...

Recitar seus nomes

- *Jeová Tsidkenu*, o Senhor é a nossa justiça (Jeremias 23:6).
- *Jeová Makadesh*, o Senhor que santifica (Levítico 20:7-8).
- *Jeová Shalom*, o Senhor é nossa paz (Juízes 6:24).
- *Jeová Shammah*, o Senhor está ali (Ezequiel 48:35).
- *Jeová Rafá*, o Senhor que cura (Êxodo 15:26).
- *Jeová Jiré*, o Senhor proverá (Gênesis 22:14).

- *Jeová Nissi*, o Senhor é minha bandeira (Êxodo 17:15).
- *Jeová Roí*, o Senhor é meu pastor (Salmos 23:1).

Respeitar sua grandeza: seus atributos

- Eterno (Salmos 90:2).
- Imutável (Malaquias 3:6).
- Santo (Salmos 99:3).
- Amor (1João 4:8).
- Onipotente (Apocalipse 19:6).
- Onisciente (Atos 15:18).
- Onipresente (Salmos 139:7-11).
- Justo (Salmos 11:7).
- Soberano (Efésios 1:11).
- Verdadeiro (João 17:3).
- Fiel (Lamentações 3:23).
- Bom (Mateus 19:17).
- Misericordioso (Salmos 31:21).
- Sofredor (Salmos 86:15).

Reconhecendo sua presença

"Sempre tenho o Senhor diante de mim" (Salmos 16:8).

Prioridades

"Faça-se a tua vontade, assim na terra como no céu" (Mateus 6:10, ARC).

"Busquem, pois, em primeiro lugar o Reino de Deus e a sua justiça, e todas essas coisas lhes serão acrescentadas" (Mateus 6:33).

Lembrarei que...
1. Eu sou uma "pessoa" — tenho um relacionamento com Deus.
2. Eu sou um "companheiro" — tenho um relacionamento com minha esposa.
3. Eu sou um "pai" — tenho um relacionamento com meus filhos.
4. Eu sou um "provedor" — tenho uma responsabilidade em meu emprego/profissão.
5. Eu sou um "participante" — tenho uma responsabilidade nas outras coisas que me pedem para fazer.

Provisão

"O pão nosso de cada dia dá-nos hoje" (Mateus 6:11, ARC).
"Por isso lhes digo: Peçam, e lhes será dado; busquem, e encontrarão; batam, e a porta lhes será aberta" (Lucas 11:9).

1. Dependerei de Deus por todas as minhas necessidades (Salmos 104:27; Tiago 1:17).
2. Reconhecerei a diferença entre necessidades e desejos:

   - "Nosso pão diário" (1Timóteo 6:8).
   - Algo para vestir: roupas.
   - Algo para ingerir: alimento.
   - Algo para cobrir: abrigo.

3. Irei disciplinar-me para não me preocupar.
   "O pão nosso de cada dia dá-nos hoje." Dia a dia, e não semana a semana, ou mês a mês, ou ano a ano.
4. Irei acatar as necessidades dos outros.
   "Dá-nos", e não "dá-me." "o nosso[...] dá-nos", e não "o meu".

Relacionamentos pessoais

"E perdoa-nos as nossas dívidas, assim como nós temos perdoado aos nossos devedores" (Mateus 6:12, ARC).

"Pois se perdoarem as ofensas uns dos outros, o Pai celestial também lhes perdoará.

Mas se não perdoarem uns aos outros, o Pai celestial não lhes perdoará as ofensas" (Mateus 6:14-15).
1. Devemos perdoar porque somos perdoados. Mateus 18:21-35 explica a importância de perdoar um ao outro.
2. Devemos perdoar assim como somos perdoados (Efésios 4:32).
3. Devemos perdoar para que possamos ser perdoados (Salmos 66:18).
4. Devemos perdoar antes de precisarmos ser perdoados.
5. No início de cada dia, lembramo-nos do nosso perdão e estipulamos perdoar aqueles que nos magoarão.
6. Devemos perdoar sempre — e é sempre a nossa vez.
Quantas vezes? (Mateus 18:22)
Quem dá o primeiro passo? (Mateus 18:35; Marcos 11:25)

Proteção

"E não nos deixes cair em tentação; mas livra-nos do mal" (Mateus 6:13, ARC).

Seis fases da tentação
- Engano.
- Fascínio.
- Desejo.
- Deliberação.
- Derrota.
- Desespero.

Vencendo a tentação
1. Resistir (Tiago 4:7).
2. Aproximar-se (Tiago 4:8).
3. Fugir (2Timoteo 2:22; Romanos 13:14).
4. Guardar (Salmos 199:11).

Livramento do mal
- Livramento da perseguição (Salmos 22:19).
- Livramento do perigo (Salmos 31:1-2,15).
- Livramento dos problemas (Salmos 34:4,17).

"Vemos, portanto, que o Senhor sabe livrar os piedosos da provação" (2Pedro 2:9).

Louve novamente
"Pois teu é o reino, o poder e a glória para sempre. Amém!" (Mateus 6:13, ARC).

- Senhor, eu te louvo por tua soberania. "Pois teu é o reino[...]"
- Senhor, eu te louvo por tua autoridade. "O poder[...]"
- Senhor, eu te louvo por tua majestade. "E a glória[...]"
- Senhor, eu te louvo por tua eternidade. "Para sempre."

Amém.

Por que eu deveria continuar a orar quando sinto que Deus não está atendendo as minhas orações?

Erramos quando julgamos a eficácia ou a importância da nossa oração somente por aquilo que podemos ver acontecendo ao nosso redor. A oração é uma questão de fé. Orar é submetermo-nos à Palavra de Deus e entender a promessa dele de que, se orarmos, ele ouvirá e responderá. Devemos continuar orando mesmo quando não podemos ver o que ele está fazendo.

Não vemos o mundo em que Deus vive, mas ele definitivamente vê o nosso. Ao orar, demonstramos que nos comprometemos com ele, que nos submetemos à sua Palavra, que confiamos nele, e que apesar de nem sempre podermos ver o que ele está fazendo, sabemos que ele está agindo em nossa vida.

"Ele clamará a mim, e eu lhe darei resposta, e na adversidade estarei com ele; vou livrá-lo e cobri-lo de honra. Vida longa eu lhe darei, e lhe mostrarei a minha salvação" (Salmos 91:15-16).

De que forma posso orar pelos outros?

Em Efésios 6:18, a admoestação de Paulo sobre a importância da oração é orar "por todos os santos". Todos os cristãos estão incluídos em "todos os santos". Se compararmos como Paulo orou pelas pessoas ao modo como oramos pelos outros, talvez fiquemos surpresos. Muitas vezes oramos por alguém para ser curado de uma doença, encontrar um bom emprego, ter férias em segurança, restaurar um relacionamento e assim por diante — fatores que têm a ver com nossa necessidade pessoal. Nossa oração leva a focar no material, nos aspectos físicos da vida. Isso não quer dizer que Deus não está preocupado com os acontecimentos diários que afetam nossa vida, porque Ele está, mas não podemos ignorar a importância de orar por sabedoria espiritual.

Sabendo disso, o apóstolo Paulo orava continuamente para os santos nas igrejas que ele fundava e ministrava, e quando ele orava, ele se concentrava nos aspectos espirituais da vida. Ele orou por mais amor, poder, discernimento e conhecimento da vontade de Deus — os aspectos que Satanás tentaria tirar dos cristãos para confundir, enfraquecer, ou desencorajar (Efésios 1:18-19, 3:16-19; Filipenses 1:9-11; Colossenses 1:9; 1Tessalonicenses 3:11-13; 2Tessalonicenses 2:16-17). Como oramos por "todos os santos", vamos nos lembrar de orar por essas realidades espirituais mais profundas. É aí que a batalha espiritual será ganha ou perdida. A oração de batalha estratégica precisa de um lugar, um propósito, um plano, mas acima de tudo, alguém para orar.

Como posso perseverar na batalha quando estou com medo?

Sei o que é ter um "dia de medo". Às vezes, de repente e do nada, o espírito do medo domina meu coração e eu tenho de largar tudo e dizer a Deus sobre meu medo, pedindo-lhe para me livrar dele. O medo é paralisante. Ele pode impedir-nos de fazer as coisas que Deus deseja que façamos. É por isso que Jesus diz para orarmos pela libertação do mal. Quando o medo assolar, dê-lhe a Deus com uma simples oração: "Senhor, livra-me do mal, incluindo todo o meu medo. Esta situação está além das minhas forças. Não posso lidar com isto. Mas tu podes. Por favor, estende a tua mão, e pelo teu poder, ajuda-me e me livra."

"Mas eu, quando estiver com medo, confiarei em ti" (Salmos 56:3).

"Deus é a minha salvação; terei confiança e não temerei. O Senhor, sim, o Senhor é a minha força e o meu cântico; ele é a minha salvação!" (Isaías 12:2).

Conclusão

Como eu deveria viver à luz da batalha espiritual que está diante de mim?

Dia após dia, a batalha está acirrando e os desafios estão ficando cada vez maiores; mas não temos dúvida sobre como isso acabará. Deus nos entregou uma esperança que é segura, firme e que nunca pode ser tocada. Nossa esperança está além da decadência ou destruição. Porque Jesus Cristo é eterno, nossa esperança nele é eterna. E podemos viver com esperança se entendermos e acreditarmos na verdade a respeito do Cristo ressuscitado. Temos uma esperança viva, uma esperança baseada no que Jesus Cristo fez quando ele ressuscitou dos mortos. Ele obteve vitória sobre a morte.

Devido a tal consumação, Jesus reivindicou nossa fé e diz de fato: "Se eu saí do túmulo vitorioso sobre a morte, e se colocar sua confiança em mim, você pode conhecer essa mesma vitória — não somente sobre o pecado e a morte, mas também em sua vida, dia a dia." Somos vitoriosos por meio de Jesus Cristo! Precisamos somente começar a agir dessa forma. Somos o povo de Deus e Satanás não tem nenhum direito sobre nós a menos que lhe entreguemos. E a maneira que afastamos isso de acontecer é vestindo a completa armadura de Deus todos os dias para que seja possível resistir ao Maligno e "permanecer inabaláveis, depois de terem feito tudo".

> "Por isso, vistam toda a armadura de Deus, para que possam resistir no dia mau e permanecer inabaláveis, depois de terem feito tudo" (Efésios 6:13).

A oração do guerreiro

A exatidão da "Oração do guerreiro" irá ajudá-lo a vestir cada peça da armadura espiritual com um objetivo de começar cada dia em comunhão com Deus. Quando somos persistentes e focados na oração, nossos olhos começam a se abrir ao poder de Cristo em nossa vida, e nos armamos para a vitória!

Pai Celestial,
Teu guerreiro se prepara para a batalha.
Hoje reivindico a vitória sobre Satanás vestindo
a completa armadura de Deus!
Visto o cinto da verdade!
Que eu possa permanecer firme na verdade da tua
Palavra
assim não serei uma vítima das mentiras de Satanás.
Visto a couraça da justiça!
Que eu guarde meu coração do mal
assim eu permanecerei puro e santo,

protegido sob o sangue de Jesus Cristo.
Visto os calçados do evangelho da paz!
Que eu permaneça firme nas Boas-novas
do evangelho
assim tua paz brilhará através de mim
e será uma luz a todos que eu encontrar.
Tomo o escudo da fé!
Que eu esteja preparado para os dardos inflamados
de Satanás de
dúvida, contradição e engano
assim não estarei vulnerável à derrota espiritual.
Visto o capacete da salvação!
Que eu foque minha mente em ti
assim Satanás não terá uma fortaleza
em meus pensamentos.
Empunho a espada do Espírito!
Que a espada de dois gumes da tua Palavra
esteja pronta em minhas mãos
assim posso expor as palavras tentadoras de Satanás.
Pela fé teu guerreiro vestiu
a completa armadura de Deus!
Estou preparado para viver este dia em
vitória espiritual!
Amém.

Guia de referência para batalha espiritual

- DEUTERONÔMIO 20:1 Quando vocês forem à guerra contra os seus inimigos e virem cavalos e carros, e um exército maior do que o seu, não tenham medo, pois o Senhor, o seu Deus, que os tirou do Egito, estará com vocês.

- 2SAMUEL 22:3-4 O meu Deus é a minha rocha, em que me refúgio; o meu escudo e o meu poderoso salvador. Ele é a minha torre alta, o meu abrigo seguro. Tu, Senhor, és o meu salvador, e me salvas dos violentos. Clamo ao Senhor, que é digno de louvor, e sou salvo dos meus inimigos.

- SALMOS 27:3 Ainda que um exército se acampe contra mim, meu coração não temerá; ainda que se declare guerra contra mim, mesmo assim estarei confiante.

- SALMOS 44:5 Contigo pomos em fuga os nossos adversários; pelo teu nome pisoteamos os que nos atacam.

- SALMOS 46:1-2 Deus é o nosso refúgio e a nossa fortaleza, auxílio sempre presente na adversidade. Por isso não temeremos, ainda que a terra trema e os montes afundem no coração do mar.

- SALMOS 60:11-12 Dá-nos ajuda contra os adversários, pois inútil é o socorro do homem. Com Deus conquistaremos a vitória, e ele pisoteará os nossos adversários.

- SALMOS 121:7-8 O Senhor o protegerá de todo o mal, protegerá a sua vida. O Senhor protegerá a sua saída e a sua chegada, desde agora e para sempre.

- PROVÉRBIOS 25:28 Como a cidade com seus muros derrubados, assim é quem não sabe dominar-se.

- ISAÍAS 41:10 Por isso não tema, pois estou com você; não tenha medo, pois sou o seu Deus. Eu o fortalecerei e o ajudarei; eu o segurarei com a minha mão direita vitoriosa.

- ISAÍAS 54:17 Nenhuma arma forjada contra você prevalecerá, e você refutará toda língua que a acusar. Esta é a herança dos servos do Senhor, e esta é a defesa que faço do nome deles, declara o Senhor.

- MATEUS 6:13 E não nos deixes cair em tentação, mas livra-nos do mal, porque teu é o Reino, o poder e a glória para sempre. Amém.

- MATEUS 18:18 Se a sua mão ou o seu pé o fizerem tropeçar, corte-os e jogue-os fora. É melhor entrar na vida mutilado ou aleijado do que, tendo as duas mãos ou os dois pés, ser lançado no fogo eterno.

- LUCAS 10:19 Eu lhes dei autoridade para pisarem sobre cobras e escorpiões, e sobre todo o poder do Inimigo; nada lhes fará dano.

- JOÃO 10:10 O ladrão vem apenas para roubar, matar e destruir; eu vim para que tenham vida, e a tenham plenamente.

- JOÃO 16:33 Eu lhes disse essas coisas para que em mim vocês tenham paz. Neste mundo vocês terão aflições; contudo, tenham ânimo! Eu venci o mundo.

- ROMANOS 8:5-6 Quem vive segundo a carne tem a mente voltada para o que a carne deseja; mas quem vive de acordo com o Espírito, tem a mente voltada para o que o Espírito deseja. A mentalidade da carne é morte, mas a mentalidade do Espírito é vida e paz.

- ROMANOS 8:31 Que diremos, pois, diante dessas coisas? Se Deus é por nós, quem será contra nós?

- ROMANOS 8:35 Quem nos separará do amor de Cristo? Será tribulação, ou angústia, ou perseguição, ou fome, ou nudez, ou perigo, ou espada?

- ROMANOS 8:38-39 Pois estou convencido de que nem morte nem vida, nem anjos nem demônios, nem o presente nem o futuro, nem quaisquer poderes, nem altura nem profundidade, nem qualquer outra coisa na criação será capaz de nos separar do amor de Deus que está em Cristo Jesus, nosso Senhor.

- ROMANOS 12:2 Não se amoldem ao padrão deste mundo, mas transformem-se pela renovação da sua mente, para que sejam capazes de experimentar e comprovar a boa, agradável e perfeita vontade de Deus.

- ROMANOS 12:21 Não se deixem vencer pelo mal, mas vençam o mal com o bem.

- 1CORÍNTIOS 15:57 Mas graças a Deus, que nos dá a vitória por meio de nosso Senhor Jesus Cristo.

- 1CORÍNTIOS 16:13 Estejam vigilantes, mantenham-se firmes na fé, sejam homens de coragem, sejam fortes.

- 2CORÍNTIOS 1:3-4 Bendito seja o Deus e Pai de nosso Senhor Jesus Cristo, Pai das misericórdias e Deus de toda consolação, que nos consola em todas as nossas tribulações, para que, com a consolação que recebemos de Deus, possamos consolar os que estão passando por tribulações.

- 2CORÍNTIOS 4:3-4 Mas se o nosso evangelho está encoberto, para os que estão perecendo é que está encoberto. O deus desta era cegou o entendimento dos descrentes, para que não vejam a luz do evangelho da glória de Cristo, que é a imagem de Deus.

- 2CORÍNTIOS 7:1 Amados, visto que temos essas promessas, purifiquemo-nos de tudo o que contamina o corpo e o espírito, aperfeiçoando a santidade no temor de Deus.

- 2CORÍNTIOS 10:3-5 Pois, embora vivamos como homens, não lutamos segundo os padrões humanos. As armas com as quais lutamos não são humanas; ao contrário, são poderosas em

Deus para destruir fortalezas. Destruímos argumentos e toda pretensão que se levanta contra o conhecimento.

- GÁLATAS 5:17 Pois a carne deseja o que é contrário ao Espírito; e o Espírito, o que é contrário à carne. Eles estão em conflito um com o outro, de modo que vocês não fazem o que desejam.

- GÁLATAS 5:24-25 Os que pertencem a Cristo Jesus crucificaram a carne, com as suas paixões e os seus desejos. Se vivemos pelo Espírito, andemos também pelo Espírito.

- EFÉSIOS 4:26-27 Quando vocês ficarem irados, não pequem. Apaziguem a sua ira antes que o sol se ponha, e não deem lugar ao Diabo.

- EFÉSIOS 6:10-11 Finalmente, fortaleçam-se no Senhor e no seu forte poder. Vistam toda a armadura de Deus, para poderem ficar firmes contra as ciladas do Diabo.

- EFÉSIOS 6:12-13 Pois a nossa luta não é contra seres humanos, mas contra os poderes e autoridades, contra os dominadores deste mundo de trevas, contra as forças espirituais do mal nas regiões celestiais. Por isso, vistam toda a armadura de Deus, para que possam resistir no dia mau e permanecer inabaláveis, depois de terem feito tudo.

- EFÉSIOS 6:14-17 Assim, mantenham-se firmes, cingindo-se com o cinto da verdade, vestindo a couraça da justiça e tendo os pés calçados com a prontidão do evangelho da paz. Além disso, usem o escudo da fé, com o qual vocês poderão apagar todas as setas inflamadas do Maligno. Usem o capacete da salvação e a espada do Espírito, que é a palavra de Deus.

- COLOSSENSES 1:13 Pois ele nos resgatou do domínio das trevas e nos transportou para o Reino do seu Filho amado.

- COLOSSENSES 2:15 E, tendo despojado os poderes e as autoridades, fez deles um espetáculo público, triunfando sobre eles na cruz.

- 2TESSALONICENSES 3:3 Mas o Senhor é fiel; ele os fortalecerá e os guardará do Maligno.

- 1TIMÓTEO 6:12 Combata o bom combate da fé. Tome posse da vida eterna, para a qual você foi chamado e fez a boa confissão na presença de muitas testemunhas.

- 2TIMÓTEO 1:7 Ao contrário, quando chegou a Roma, procurou-me diligentemente até me encontrar.

- 2TIMÓTEO 4:18 O Senhor me livrará de toda obra maligna e me levará a salvo para o seu Reino celestial. A ele seja a glória para todo o sempre. Amém.

- TIAGO 1:2-4 Meus irmãos, considerem motivo de grande alegria o fato de passarem por diversas provações, pois vocês sabem que a prova da sua fé produz perseverança. E a perseverança deve ter ação completa, a fim de que vocês sejam maduros e íntegros, sem lhes faltar coisa alguma.

- TIAGO 4:7-8 Não pense tal pessoa que receberá coisa alguma do Senhor, pois tem mente dividida e é instável em tudo o que faz.

- 1PEDRO 4:16 Contudo, se sofre como cristão, não se envergonhe, mas glorifique a Deus por meio desse nome.

- 1PEDRO 5:8-9 Estejam alertas e vigiem. O Diabo, o inimigo de vocês, anda ao redor como leão, rugindo e procurando a quem possa devorar. Resistam-lhe, permanecendo firmes na fé, sabendo que os irmãos que vocês têm em todo o mundo estão passando pelos mesmos sofrimentos.

- 1JOÃO 4:4 Filhinhos, vocês são de Deus e os venceram, porque aquele que está em vocês é maior do que aquele que está no mundo.

- 1JOÃO 5:19 Sabemos que somos de Deus e que o mundo todo está sob o poder do Maligno.

Guia de referência para oração

- 2CRÔNICAS 7:14 Se o meu povo, que se chama pelo meu nome, se humilhar e orar, buscar a minha face e se afastar dos seus maus caminhos, dos céus o ouvirei, perdoarei o seu pecado e curarei a sua terra.

- SALMOS 4:1 Responde-me quando clamo, ó Deus que me fazes justiça! Dá-me alívio da minha angústia; tem misericórdia de mim e ouve a minha oração.

- SALMOS 6:8-10 Afastem-se de mim todos vocês que praticam o mal, porque o Senhor ouviu o meu choro. O Senhor ouviu a minha súplica; o Senhor aceitou a minha oração. Serão humilhados e aterrorizados todos os meus inimigos; frustrados, recuarão de repente.

- SALMOS 18:3 Clamo ao Senhor, que é digno de louvor, e estou salvo dos meus inimigos.

- SALMOS 55:16 Eu, porém, clamo a Deus, e o Senhor me salvará.

- SALMOS 61:1-2 Ouve o meu clamor, ó Deus; atenta para a minha oração. Desde os confins da terra eu clamo a ti, com o coração abatido; põe-me a salvo na rocha mais alta do que eu.

- SALMOS 118:5 Na minha angústia clamei ao Senhor; e o Senhor me respondeu, dando-me ampla liberdade.

- SALMOS 145:18 O Senhor está perto de todos os que o invocam, de todos os que o invocam com sinceridade.

- PROVÉRBIOS 15:29 O Senhor está longe dos ímpios, mas ouve a oração dos justos.

- MATEUS 5:44 Mas eu lhes digo: Amem os seus inimigos e orem por aqueles que os perseguem.

- MATEUS 26:41 Vigiem e orem para que não caiam em tentação. O espírito está pronto, mas a carne é fraca.

- MARCOS 11:24 Portanto, eu lhes digo: Tudo o que vocês pedirem em oração, creiam que já o receberam, e assim lhes sucederá.

- MARCOS 14:38 Vigiem e orem para que não caiam em tentação. O espírito está pronto, mas a carne é fraca.

- LUCAS 21:36 Estejam sempre atentos e orem para que vocês possam escapar de tudo o que está para acontecer, e estar em pé diante do Filho do homem.

- ROMANOS 12:12 Alegrem-se na esperança, sejam pacientes na tribulação, perseverem na oração.

- EFÉSIOS 6:18 Orem no Espírito em todas as ocasiões, com toda oração e súplica; tendo isso em mente, estejam atentos e perseverem na oração por todos os santos.

- FILIPENSES 4:6-7 Não andem ansiosos por coisa alguma, mas em tudo, pela oração e súplicas, e com ação de graças, apresentem seus pedidos a Deus. E a paz de Deus, que excede todo o entendimento, guardará o coração e a mente de vocês em Cristo Jesus.

- COLOSSENSES 1:9 Por essa razão, desde o dia em que o ouvimos, não deixamos de orar por vocês e de pedir que sejam cheios do pleno conhecimento da vontade de Deus, com toda a sabedoria e entendimento espiritual.

- COLOSSENSES 4:2 Dediquem-se à oração, estejam alerta e sejam agradecidos.

- 1TESSALONICENSES 5:16-18 Alegrem-se sempre. Orem continuamente. Deem graças em todas as circunstâncias, pois esta é a vontade de Deus para vocês em Cristo Jesus.

- 2TESSALONICENSES 3:1-2 Finalmente, irmãos, orem por nós, para que a palavra do Senhor se propague rapidamente e receba a honra merecida, como aconteceu entre vocês. Orem também para que sejamos libertos dos homens perversos e maus, pois a fé não é de todos.

- HEBREUS 5:7 Durante os seus dias de vida na terra, Jesus ofereceu orações e súplicas, em alta voz e com lágrimas, àquele que o podia salvar da morte, sendo ouvido por causa da sua reverente submissão.

- TIAGO 5:13 Entre vocês há alguém que está sofrendo? Que ele ore. Há alguém que se sente feliz? Que ele cante louvores.

- 1JOÃO 5:14 Esta é a confiança que temos ao nos aproximarmos de Deus: se pedirmos alguma coisa de acordo com a vontade de Deus, ele nos ouvirá.

- JUDAS 1:20 Edifiquem-se, porém, amados, na santíssima fé que vocês têm, orando no Espírito Santo.

Notas

1. J. C. Ryle, *Holiness* [Santidade] (Chicago: Moody), 115.
2. Alfred J. Hough, "Don't Believe in a Devil" [Não acreditam no Diabo] (Public Domain, 1889).
3. Stu Weber, *Spirit Warriors* [Guerreiros espirituais] (Colorado Springs: Multnomah Books, 2003), 172.
4. John Phillips, *Exploring Ephesians and Philippians: An Expository Commentary* [Explorando Efésios e Filipenses: um comentário expositivo] (Grand Rapids, MI: Kregel Publications, 1995), 187.
5. Ryle, *Holiness* [Santidade], 115.
6. Ibid., 118.
7. Sun Tzu, *The Art of War* [A arte da guerra] (Hollywood, FL: Simon and Brown, 2010), 11.
8. Terry Law, *The Truth About Angels* [A verdade sobre os anjos] (Lake Mary, FL: Charisma House, 2006), 126.
9. C. S. Lewis, *Mere Christianity* [Cristianismo puro e simples] (San Francisco: HarperCollins, 1952), 121.
10. D. Martyn Lloyd-Jones, *The Christian Warfare* [A batalha cristã] (Grand Rapids, MI: Baker Book House, 1977), 20–21.
11. R. Kent Hughes, *Ephesians: The Mystery of the Body of Christ* [Efésios: o mistério do Corpo de Cristo] (Wheaton, IL: Crossway, 1990), 217.

12. John Calvin, de *The Institutes of Christian Religion* [A instituição da religião cristã], Livro 1, capítulos 14 e 18.
13. William Manchester, *The Last Lion: Winston Spencer Churchill: Alone,* [O último leão: Winston Spencer Churchill: sozinho] 1932–1940 (New York: Bantam Books, 2013), 171.
14. Roger Olson, *The Story of Christian Theology* [A história da teologia cristã] (Downers Grove, IL: InterVarsity Press, 1999), 20–21.
15. Lloyd-Jones, *The Christian Warfare* [A batalha cristã], 21.
16. Weber, *Spirit Warriors* [Guerreiros espirituais], 172.
17. Tremper Longman, *How to Read Proverbs* [Como ler Provérbios] (Downers Grove, IL: InterVarsity Press, 2002), 14.
18. John MacArthur, *How to Meet the Enemy: Arming Yourself for Spiritual Warfare* [Como conhecer o Inimigo: armando-se para a batalha espiritual]. (Colorado Springs: Victor Books, 1992), 141.
19. Haddon Robinson, *Biblical Preaching* [Pregação bíblica] (Grand Rapids, MI: Baker Books, 2001), 20.
20. Craig Brian Larson, *Leadership Journal* and *750 Engaging Illustrations for Preachers, Teachers, and Writers* [Guia de liderança e 750 ilustrações envolventes para os pregadores] (Grand Rapids, MI: Baker Books, 2002), 70.
21. Ibid.
22. Ray Stedman, *From Guilt to Glory* [Da culpa à glória], Volume 21 (Waco, TX: Word, 1978), 136.
23. Michael P. Green, ed., *Illustrations for Biblical Preaching*, "Prayer, Answers to" [Ilustrações para a pregação bíblica, "oração, respostas a"] (Grand Rapids, MI: Baker Book House, 1991), 274.

24. *The Kneeling Christian* [O cristão ajoelhado] (New Kensington, PA: Whitaker House, 2013), prefácio.
25. Bill Hybels, *Too Busy Not to Pray* [Ocupado demais para deixar de orar] (Downers Grove, IL: InterVarsity Press, 1998), 9.
26. Compiled by Martin H. Manser, *The Westminster Collection of Christian Quotations* [A coleção westminster de citações cristãs] (Louisville: Westminster John Knox Press, 2001), 220.

Este livro foi impresso no Rio de Janeiro, em 2025,
pela Vozes, para a Thomas Nelson Brasil.
A fonte usada no miolo é Mercury. O papel do miolo é
offset 75g/m², e o da capa é offset cartão 250g/m².